AF360893

LA DUCHESSE

GABRIELLE

DE POLIGNAC

IMPRIMERIE GÉNERALE DE CH. LAHURE
Ruc de Fleurus, 9, à Paris

Marie Antoinette

LA DUCHESSE
GABRIELLE
DE POLIGNAC

ET

LES AMIES DE LA REINE

PAR

M. CAPEFIGUE

PARIS

AMYOT, 8, RUE DE LA PAIX

M DCCC LXVI

Le drame antique ne présente aucun sujet plus
noble et plus émouvant que la vie et la mort de
l'archiduchesse Marie-Antoinette-Josépha, reine de
France. Jeune Dauphine à quinze ans, elle s'était
confiée à sa nouvelle nation ; elle avait accepté ses
usages, son esprit, ses modes, et même loyalement
sa politique ; elle avait été acclamée partout , dans
les fêtes, les bals, le théâtre.

Tout ce charme, toute cette puissance conquise à
Versailles (le palais d'Armide), furent détruits par
les pamphlets. La reine était ravissante, elle excita
des jalousies ; elle était ferme et courageuse, on vit
en elle un obstacle à la marche des idées. Il fallait
détruire son prestige. La calomnie, essayée parmi
les hauts courtisans, descendit bientôt dans la rue.
Les deux plus implacables ennemis de la Reine,
ceux qui l'appelèrent *Madame Veto, l'Autrichienne,*
furent Camille Desmoulins, le procureur général
de la Lanterne, et Marat

Ce qu'il y a de plus triste, c'est qu'avec des formes plus mesurées ou des expressions plus élégantes, ces calomnies se sont continuées dans les *histoires de la révolution française,* soit qu'elles se vouent à l'apologie des Dantonistes, soit qu'elles exaltent les Girondins, ces pauvres têtes de désordre et de déclamation. L'auteur du présent livre ne dissimule pas qu'il s'est passionné pour Marie-Antoinette. On peut le compter « parmi les deux cent mille amoureux de la Dauphine qui saluèrent son entrée à Paris, » selon l'expression du chevaleresque duc de Brissac.

Il a écrit ce livre après un pèlerinage historique au Petit-Trianon. Tandis que la foule inondait les plates-bandes de marguerites et de boutons d'or dans le parc de Versailles, l'auteur allait s'isoler sous un de ces arbres de Trianon plantés par Bernard de Jussieu : pins immenses qui élèvent leur tête vigoureuse jusqu'au ciel, chênes étranges dont les chevelures descendent sur le sol pour former des domes mystérieux où le soleil ne pénètre jamais.

L'auteur pouvait donc suivre pas à pas les souvenirs de l'adorable châtelaine de Trianon : le petit temple d'ordre ionique consacré à l'Amour (le dieu taille son arc dans la massue d'Hercule); le village suisse en miniature; le rustique châlet où la Reine, accompagnée de la duchesse Yolande-Gabrielle de Polignac, distribuait des tasses de lait à ses amies, idylle de Gessner et de la *Nouvelle Héloïse ;* un peu à gauche, le théâtre élégant où la Reine jouait avec tant de distinction, la Rosine du *Barbier de Séville,* secondée par des artistes qui s'appelaient le comte d'Artois, le comte de Vaudreuil, le marquis d'Adhémar, Yolande de Polignac, et même la douce Madame Élisabeth ; la salle de concert où Mozart et Gluck tenaient le clavecin, Kreutzer le violon, et Piccini le hautbois ; un peu plus loin, la tour de Marlborough, où le saule pleureur planté par Marie-Antoinette à la veille de ses jours de malheur, trempe encore ses feuilles grisâtres dans les flots du petit lac.

La révolution française a pu immoler des milliers de victimes ; elle a eu ses raisons d'État (au moins on nous le dit) ; mais ce qu'on ne peut lui pardonner, ce sont les calomnies qu'elle a jetées à pleines mains sur la Reine de France. Rien ne peut se comparer aux interrogatoires de Fouquier Tinville. Le froid nous passe dans les veines en contemplant la salle du tribunal révolutionnaire : on dirait une caverne toute pleine de couleuvres et de scorpions qui rampent autour d'une créature de Dieu.

J'ai cherché, dans ce livre, à peindre Marie-Antoinette, sa jeunesse, son adorable bonté, la ravissante société qui l'environnait. C'est mon faible que d'aimer un peu le vieux régime, cette société de loisir, de loyaux et chevaleresques sentiments. Certes personne aujourd'hui ne craint le retour de cette société. Puisque c'est une chose morte, pourquoi ne pas lui rendre quelque justice? La France est trop fière de son présent, trop sûre de le garder, pour ne pas aimer et respecter son passé. Le culte des aïeux a toujours été le caractère et la vertu d'une grande nation.

Petit-Trianon, 18 septembre 1865.

I

LA COUR, LA FAMILLE ROYALE

A LA FIN DU RÈGNE DE LOUIS XV. — TRIANON.

(1768-1772)

I

LA COUR, LA FAMILLE ROYALE

A LA FIN DU RÈGNE DE LOUIS XV. — TRIANON.

(1768-1772.)

L'époque la plus calme, la plus apaisée, et en même temps la plus ravissante d'élégance et de goût, fut la dernière partie du règne de Louis XV. Les parlements étaient contenus et réduits à leur légitime autorité judiciaire; l'abbé Terray, hardi administrateur avait mis l'ordre dans les finances, par ses mesures de retranchements, et surtout par la réduction d'intérêt de la dette publique[1] imitée de l'Angleterre. Du petit pavillon de Luciennes partaient les résolutions fermes, décidées, qui avaient pour organes deux hommes d'État du premier mérite, le chancelier Maupeou

---

1. Ces mesures, qui excitèrent alors une grande opposition, sont aujourd'hui passées dans l'économie des finances.

et le duc d'Aiguillon (un Richelieu)[1]. La vie de loisir, douce et facile dominait cette société, et un goût général pour les délices de la campagne s'était répandu sous les auspices de la paix avec l'Europe.

Le plus noble campagnard, c'était Louis XV ; nul ne connaissait mieux que lui, si l'on en excepte l'architecte Gabriel et la marquise de Pompadour, l'ordonnance des jardins. A Choisy longtemps le château de prédilection du roi, son œuvre pour ainsi dire, on trouvait les plus beaux fouillis de jasmins, de lilas, de roses, de muguets, d'aubépines où tant de fois, Mme de Pompadour entourée d'artistes, de poëtes, avait célébré la fête du printemps sur un trône de tubéreuses.

A Luciennes, la comtesse du Barry avait ménagé les aspects les plus variés, les points de vue les plus attrayants. De la terrasse qui entourait cette bonbonnière toute de fantaisie et d'art, sous l'ombrage odorant des tilleuls doucement agités par les vents, le roi pouvait voir à ses pieds serpenter la Seine parsemée d'îlots ; sur sa gauche s'élevaient les coteaux de Saint-Germain ; des découpures de terrains richement cultivés, laissaient se déployer les vastes plaines de Saint-

---

1. Comparez mes deux livres sur *Louis XV* et la *Comtesse du Barry*.

Denis. Louis XV, tout en conservant la dignité, l'élégance de sa personne, vivait dans les plus douces familiarités sous la houlette de la châte-laine de Luciennes, l'espiègle respectueuse et d'un si ferme caractère qui avait préparé le coup d'État du chancelier Maupeou.

Louis XV habituellement descendait pour visi-ter Luciennes du château Marly, une des mer-veilleuses créations du dernier règne; on péné-trait dans la cour, par des portiques en galerie surmontés de deux Renommées à cheval, chefs-d'œuvre d'art imités des hippodromes de By-zance [1]; des pièces d'eaux peuplées de vieilles carpes au collier d'or [2], précédaient les parterres en face du château isolé; de droite et de gauche, ainsi que les astres autour du soleil, douze pavillons se liaient entre eux par des berceaux de chèvres-feuilles destinés aux courtisans au-tour du château royal [3].

Presque en même temps que s'achevait Marly, Louis XIV faisait bâtir un pavillon de repos sur

1. Ce sont les chevaux qu'on voit encore aux Champs-Ély-sées.

2. Louis XIV s'arrêtait souvent aux bassins et s'amusait à voir jouer ces vieilles enfants des eaux.

3. Il ne reste pas un seul débris du château de Marly, tout à fait morcelé. Les gravures du temps (Bibliothèque impériale) le reproduisent en détail.

un fief des moines de Sainte-Geniève, à l'extré-
mité du parc de Versailles près la grande pièce
d'eau. L'architecture primitive de Trianon ne
ressemblait en rien à l'élégant château qu'on
voit aujourd'hui se déployer dans ses formes
presque italiennes ; c'était d'abord un simple pavillon de porcelaine, destiné aux collations du
roi. Les gravures contemporaines reproduisent
le Trianon primitif avec les formes invariables
de la seconde manière de Mansard : les parterres
groupés et resserrés, comme si l'espace manquait ; un jardin dessiné en compartiments ;
des bassins d'eaux ; point de parc particulier ;
les immenses ombrages de Versailles étaient à
côté, une terrasse qui donnait sur le canal avec
un petit pont pour protéger les barques du roi et
de la duchesse de Bourgogne, qui aimait à conduire le gouvernail de nacre et d'ivoire. On lit
dans le journal de Dangeau : « Le 10 juillet 1699,
Louis XIV s'établit sur le territoire de Trianon
qui regarde sur le canal, et y vit s'embarquer,
Monseigneur, Mme la duchesse de Bourgogne et
toutes les princesses. Après le souper Monseigneur et Mme la duchesse de Bourgogne se
promenèrent jusqu'à deux heures après mi-
nuit dans les jardins ; après quoi Monseigneur
alla se coucher ; Mme la duchesse de Bourgogne

monta en gondole avec quelques-unes de ses dames et Mme la duchesse dans une autre gondole, et demeurèrent sur le canal jusqu'au lever du soleil ; puis Mme la duchesse alla se coucher, mais Mme la duchesse de Bourgogne attendit que Mme de Maintenon partît pour Saint-Cyr. Elle la vit monter en carrosse à sept heures et demie et puis elle s'alla mettre au lit[1]. »

Bientôt Louis XIV transforma le pavillon de porcelaine en galerie de plain-pied couronnée d'un étage supérieur. Louis XV éleva le *petit Trianon* si coquet et d'une suprême simplicité ; on attribue trop souvent à Louis XIV le mérite des œuvres d'art de Versailles. Si tout ce qui est grandiose, régulier, appartient à son règne, les élégances, les fantaisies, les jardins enchantés, les groupes de nymphes, le bain de Vénus, les muses aux pipeaux champêtres, les bassins de marbre et de jaspe se rattachent au règne de Louis XV. Le roi voulut donner à Trianon un but d'utilité pratique[2], et il créa des jardins modèles de plantes exotiques. On n'a jamais considéré Louis XV sous un point de vue particulier qui l'élève beaucoup dans l'histoire : la protection

---

1. *Journal de Dangeau*, ann. 1699.
2. Le premier jardin botanique du petit Trianon fut planté par ordre de Louis XV en 1768.

qu'il accorda avec passion et générosité aux sciences exactes. Autant le roi dédaignait les rêveurs de philosophie, les encyclopédistes raisonneurs, autant il aimait les savants qui grandissaient le domaine de l'astronomie, de la physique, de la chimie, de la botanique surtout ; toutes les grandes entreprises de la science pour fixer les méridiens, les découvertes géographiques furent dirigées par Louis XV ; il fit du fils d'un simple conseiller au parlement de Dijon, Louis Leclerc, un comte de Buffon [1], et le buste du savant fut placé de son vivant dans le cabinet du roi, honneur inusité : protecteur de Bernard de Jussieu, il le chargea de former à Trianon une flore, un jardin de plantes exotiques ombragé d'arbres nains ou gigantesques de l'Amérique, des Indes, de la Chine et du Japon, et Jussieu reçut la direction de ce jardin que Louis XV allait visiter avec un soin particulier.

A travers sa vie distraite et souvent trop oublieuse de ses devoirs, le roi était resté l'homme de la tradition et de la famille : Mmes Adélaïde, Victoire, Sophie, trois de ses nobles filles avaient dédaigné le mariage soit par goût, soit par orgueil de naissance (la maison de Bourbon

1. La terre de Buffon fut érigée en comté par lettres patentes spéciales.

ne voulait s'allier (qu'aux têtes couronnées).
Mesdames vivaient dans les appartements du roi
à Versailles, et quelquefois au château de Bellevue [1] embelli par leurs soins ; douces châtelaines,
elles passaient leur vie au travail de broderie,
de dentelles, à la lecture ou bien à quelque
concert de harpe ; les privilégiés de leur domes-
ticité étaient déjà le joueur de guitare Caron de
Beaumarchais, qui les amusait de ses saillies et de
ses contes d'Espagne, et Mlle Genest (depuis
Mme Campan) leur lectrice, parfaitement élevée ;
fille d'un premier commis aux affaires étrangères ; elle charmait mesdames par son érudi-
tion, son esprit animé [2]. La dernière des filles de
Louis XV, Marie-Louise de France, religieuse car-
mélite, d'une haute fermeté de caractère, portait l'amour pour son père jusqu'à l'idolâtrie ;
Mme Louise avait approuvé et appuyé les mesures du roi contre les parlements, et soutenu
le ministère du chancelier Maupeou ; le sentiment religieux donne une force de caractère
dans l'accomplissement du devoir. En présence
de Dieu et de sa conscience on ne transige
pas.

1. Mesdames n'habitèrent réellement Bellevue qu'à la mort
de Louis XV.
2. Mme Campan ensuite passa au service de la reine.

Louis XV avait trois petits-fils nés du grand dauphin, caractère mystique, le Fénelon de la royauté, à laquelle il aspirait, dit-on, avec trop d'empressement; l'aîné Louis-Auguste [1] avait seize ans au moment où nous prenons cette histoire. Louis XV, d'un esprit si sûr avait remarqué avec inquiétude chez le jeune dauphin un caractère timide, brusque et faible à la fois, s'emportant d'abord pour céder ensuite : les plus tristes conditions dans l'exercice du pouvoir. Assurément la vie privée de Louis XV n'était pas sans reproches; l'éventail de la comtesse du Barry couronnée de rose n'avait rien de bien imposant et de bien moral, mais la loi du respect envers le royal aïeul aurait dû retenir les manifestations trop vives d'un jeune homme bien élevé qui devait ne jamais méconnaître les bienséances. La vertu la plus haute est en général indulgente et douce.

Le second, Stanislas-Xavier [2], avait plus spécialement frappé l'attention de Louis XV, qui lui trouvait un esprit orné, studieux et railleur, de petits travers et de grosses vanités; il avait de la politesse, un caractère d'ordre et beaucoup de tenue; il aimait le bruit, la popularité sans

1. Louis-Auguste était né à Versailles le 23 août 1754.
2. Stanislas Xavier était né le 17 novembre 1755.

rien pourtant leur sacrifier; il ne fuyait pas le monde, la société des femmes et des gens de lettres lui plaisait; il conservait avec son frère aîné, le dauphin, une certaine liberté d'appréciation qu'on aurait pu croire de la jalousie; il le relevait souvent quand il se permettait quelques explications indiscrètes; il aimait son grand-père et lui montrait toute espèce de déférence.

Comme grâce charmante, bonté de cœur et légèreté d'esprit, Charles-Philippe comte d'Artois [1], l'emportait sur ses deux frères. Aussi était-il tendrement aimé du roi Louis XV, quoique dépensier presque prodigue déjà à quatorze ans; quand la bourse était vide il recourait à l'aïeul, qui ouvrait sa cassette privée en souriant. Le comte d'Artois n'avait ni les indignations honnêtes du dauphin, ni l'esprit railleur du comte de Provence; cœur vif, futile, il marchait devant lui sans opposition; jeune galant il admirait dans la comtesse du Barry la beauté, la grâce des manières. Comme la volonté de Louis XV était qu'elle fût respectée, le comte d'Artois faisait plus que cela, il l'aimait chevaleresquement; il aurait considéré comme un

---

1. Charles-Philippe, comte d'Artois, était né à Versailles le 9 octobre 1757.

manque de bienséance de la mépriser et encore
moins de l'insulter : n'était-elle pas d'abord une
femme, la fée des palais ; le comte d'Artois n'aurait pas jeté de la boue sur l'Hébé de Benve-
nuto Cellini.

Du reste, tel était le caractère de Louis XV :
tout plein de politesse et de bonté, il n'aurait
pas néanmoins souffert la moindre opposition
de sa famille à la marche de son gouvernement ;
il avait continué la tradition de Louis XIV qui
tenait dans un muet respect ses fils et ses petits-
fils ; il voulait rester maître, et il l'était. Cette
opinion généralement répandue empêchait toute
intrigue, toute opposition des princes du sang :
il n'était pas encore question des résistances de la
branche d'Orléans. Au Régent avait succédé
dans l'hérédité, son fils Louis, le solitaire de
Sainte-Geneviève, le savant, le docte dans l'hé-
breu, le caldéen, et qui mourut comme un pieux
génovéfain. Son héritier Louis-Philippe [1] avait
fait bravement toutes les campagnes du règne
de Louis XV. A la paix il avait pris sa retraite, et,
dans sa délicieuse résidence de Bagnolet, sous
l'influence d'une belle veuve toute littéraire, la

1. Louis-Philippe d'Orléans était né le 12 mai 1725 ; il
avait pour fils Louis-Philippe-Joseph-Louis d'Orléans, duc de
Chartres.

comtesse de Montesson, il fit construire un petit théâtre où le duc lui-même jouait la comédie avec un talent distingué. Collé était le poëte de ce théâtre avec Carmontel le faiseur de proverbes, et pour la première fois fut jouée *la Partie de Chasse d'Henri IV* ; le duc, bon artiste, y représentait avec talent le meunier Michaud, et il chantait avec un sincère enthousiasme les couplets d'Ariette avec l'*Antienne de Vive le Roi !* Le duc d'Orléans, en dehors de toute intrigue politique, était sincèrement dévoué à Louis XV, comme l'avait été son aïeul le régent. Lorsque les parlements avaient essayé une violente opposition au chancelier Maupeou, ils avaient voulu lier les princes du sang à leur cause. Le duc d'Orléans avait refusé hautement et Louis XV lui avait écrit de sa main comme à l'héritier du régent pour qui le roi avait conservé une tendresse filiale : la comtesse du Barry avait favorisé le mariage secret du duc d'Orléans avec Mme de Montesson [1].

Le duc partageait sa vie entre Bagnolet et le Raincy qu'il venait d'acquérir du fermier général M. de Livri : le Raincy, magnifique château où

---

1. Louis XV s'y était d'abord opposé, mais la comtesse du Barry avait obtenu l'autorisation du roi. Voir mon livre sur la *Comtesse du Barry*.

avait résidé la princesse palatine, avait longtemps gardé les formes grandioses des habitations du dix-septième siècle. Sous l'influence de Mme de Montesson commençait cette imitation des cottages anglais, ces plaqués de verdures entrecoupés, de temples d'amour, de moulins agrestes; la *Nouvelle Héloïse* de Rousseau avait tourné toutes les têtes. On créait des façons de lac Léman, des ponts rustiques, la forêt de châtaigners de Saint-Preux et de Julie! Les Condé étaient les derniers gardiens des vastes bois : héritiers des riches confiscations sur les Montmorency, leur fortune était immense ; quand le prince de Condé épousa Mlle de Montmorency, il n'avait pas cinquante mille livres de rente et par la confiscation sur le connétable, le prince avait acquis plus de deux millions de revenus avec Chantilly, la forêt de l'île Adam, Montmorency, le château d'Enghien, Saint-Leu et Melo[1].

Par apanage les Conti avaient l'île Adam où se donnait de si belles fêtes, les pêches et les chasses aux flambeaux. Le dernier prince de Conti était un philosophe parlementaire que Louis XV traitait avec un grand dédain, en ne l'appelant

1. La branche de Condé était représentée par Louis-Joseph de Bourbon, prince de Condé, fils de M. le duc, né le 2 août 1736.

que *mon cousin l'avocat*, le protecteur de Rousseau, des encyclopédistes, mécréant par goût, par vanité [1] ; les philosophes le louèrent plus tard d'être mort sans confession.

Sur la route de Marly à Choisy-le-Roi et comme une étape fleurie se trouvait le château du duc de Penthièvre, à Sceaux, une des plus belles œuvres de Perrault pour les bâtiments et de Le Nôtre pour les jardins ; Lebrun, Puget, Girardon avaient été chargés de la décoration de Sceaux : trois pavillons reliés par des galeries ; une de ses façades donnait sur de riches jardins et l'autre étendait sa vue sur un vaste parc, véritable forêt d'arbres séculaires de plus de six cents arpents. Ainsi l'avait créé Colbert imitateur de Sully ; Sully avec des formes revêches, austères, avait gagné plus de cinquante millions dans le conseil général des finances de Henri IV ; la roideur cache souvent de grandes cupidités. Colbert avait dépensé plus de huit millions de livres à Sceaux, lorsque Louis XIV l'acheta pour créer l'apanage de l'un de ses légitimés, le duc du Maine. A la mort du duc il était passé par héritage aux mains du prince de Dombes, puis au comte d'Eu et enfin au duc de Penthièvre d'une

---

1. Le prince de Conti, né en septembre 1734, avait épousé Marie d'Est.

vertu si simple, d'un esprit si limpide [1]; Rambouillet, résidence habituelle du duc était devenu le château de toutes les bienfaisances : hospices, écoles, pour tous les indigents de vingt lieues à la ronde. Un jour que le roi Louis XV en chasse dans la forêt était venu demander hospitalité au duc de Penthièvre, il le trouva en tablier blanc de cuisine préparant de ses mains les bouillons des pauvres ménages. Le roi émerveillé de tant de vertus le donna pour exemple aux courtisans qui suivaient la chasse : « c'est le saint de la famille, » aimait-il à dire.

Un événement considérable, le mariage de M. le dauphin vint donner une physionomie nouvelle à la cour de Versailles.

1. Louis-Jean-Marie de Bourbon, duc de Penthièvre, représentait la famille des légitimés de Louis XIV.

II

LES TRIPLES MARIAGES

DU DAUPHIN, DES COMTES DE PROVENCE ET D'ARTOIS.

(1770-1772.)

II

(1770-1772.)

Les négociations sérieuses qui préparèrent le mariage de M. le Dauphin de France avec une archiduchesse d'Autriche, avaient été l'œuvre du duc de Choiseul, depuis en disgrâce. Indépendamment des tendances du premier ministre pour l'alliance autrichienne, les causes qui le déterminèrent furent surtout l'esprit distingué, l'éducation libérale de Marie-Antoinette. Si l'impératrice Marie-Thérèse, était d'une incontestable piété, elle avait laissé régner autour d'elle une haute liberté d'opinions qui, par le prince de Kaunitz, s'était reflétée sur toute la famille. Depuis le jour où Marie-Thérèse avait accueilli avec une joie orgueilleuse le projet de mariage de sa fille chérie, toute l'éducation de la princesse s'était faite à la Française, et, par une bizarrerie qui était dans l'esprit de l'époque, deux comédiens du théâtre impérial de Vienne bien élevés au reste, Aufresne et Sainville avaient été chargés de la former aux usages et au beau langage [1]. Quand le mariage fut chose arrêtée Marie-Thérèse demanda elle-même au duc de Choiseul de lui indiquer un de ces abbés tolérants, spirituels, instruits des usages de la cour de Versailles, qui pourrait l'initier à l'esprit de sa nouvelle patrie, et le duc de Choiseul, désigna l'abbé Vermond, un des protégés de M. de Brienne [2], archevêque de Toulouse, tout lié au parti encyclopédique. Ce choix était en harmonie avec les opinions qui commençaient à se révéler à la cour de Vienne et que l'empereur Joseph II, devait faire prévaloir à son temps.

Ainsi, contre l'opinion générale des historiens, je dis que l'archiduchesse Marie-Antoinette, devenue dauphine de France apporta des opinions très-libérales à la cour de Versailles, un cœur assurément religieux, mais peu dévot; passionnée pour les écrits de Rousseau, elle aimait le culte

1. J'ai donné les détails dans mon livre sur *Marie-Thérèse*.
2. Le cardinal de Brienne joua un triste rôle dans la révolution française.

de la nature et de la forme simple qui correspondait à l'éducation allemande; avide de popularité, la dauphine cherchait à plaire et à se faire aimer par la grâce de ses manières; d'une figure charmante, d'une fraîcheur idéale, elle aimait les toilettes sans rouge, sans poudre et sans mouches; secouant l'étiquette qui est la loi de respect, plus d'une fois elle s'était heurtée aux formes sérieuses que représentait et défendait avec une haute dignité la duchesse de Noailles, sa dame d'honneur; l'excuse de Mme la Dauphine était dans sa jeunesse et sa beauté. Un contemporain [1] nous fait ainsi son portrait. « Cette princesse est d'une taille proportionnée à son âge, maigre sans être décharnée, et telle que l'est une jeune personne qui n'est pas formée. Elle est très-bien faite; bien proportionnée dans tous ses membres. Ses cheveux sont d'un beau blond; on juge qu'ils seront un jour d'un châtain cendré; ils sont bien plantés; elle a le front beau, la forme du visage d'un ovale gracieux, mais un peu allongé, les sourcils aussi bien fournis qu'une blonde peut les avoir. Ses yeux sont bleus, sans être fades, et jouent avec une vivacité pleine d'esprit. Son nez est aquilin, un peu effilé par le bout;

1. Journal de Bachaumont.

sa bouche est petite ; ses lèvres sont épaisses, surtout l'inférieure, qu'on sait être la lèvre autrichienne. La blancheur de son teint est éblouissante ; elle a des couleurs naturelles qui peuvent la dispenser de mettre du rouge, son port est celui d'une archiduchesse ; mais sa dignité est tempérée par sa douceur. Il est difficile en voyant cette princesse, de se refuser à un respect mêlé de tendresse. »

Louis XV toujours si parfait gentilhomme souriait aux hardiesses de la jeune dauphine qui escaladant les formules antiques, bravait la vieille étiquette. Le matin quelquefois sans se faire annoncer, la dauphine entrait en simple déshabillé dans la chambre du roi et demandait à son bon papa la permission de l'embrasser. Louis XV en souriant lui disait : « J'aime bien qu'on demande la permission quand on l'a prise[1]. » Sans s'abaisser jamais devant la comtesse du Barry, la dauphine n'avait pour elle aucun de ces mépris, aucune de ces indignations publiques qui semblaient braver les bienséances et la volonté du roi ; plusieurs fois elle s'était écriée : « Mme du Barry est jolie, elle est charmante. »

1. On peut voir dans mon livre sur *Louis XV* des négociations assez curieuses. Louis XV devait un moment épouser l'archiduchesse Marie-Antoinette.

M. le dauphin était bien tout l'opposé de l'archiduchesse; pour lui, les plaisirs légers, les distractions futiles étaient sans charmes. Livré aux études sérieuses, ennemi du monde et de toute représentation, il vivait dans son intérieur, et ses goûts étaient pour les choses honnêtes et utiles. Les mémoires ont dit que Louis XV, déjà vieillard, aimait à ciseler sur un tour des petits objets d'ébène et d'ivoire, qu'il vendait à ses courtisans[1] pour en appliquer le prix à des œuvres de bienfaisance; le dauphin, lui, avait pris goût pour les ouvrages en fer; il se renfermait souvent dans son atelier pour forger une serrure, une clef, moyen peut-être de se créer une solitude occupée.

L'éloignement du monde est une faute et souvent un péril pour ceux qui sont appelés à gouverner les hommes; quand il n'y a pas frottement des esprits, les aspérités de caractère deviennent plus rudes. Avec le cœur le plus honnête, M. le dauphin blessait souvent ceux qui l'entouraient; quand une compagnie ne lui plaisait pas, il lui tournait le dos, et sa coutume était de jouer de ses doigts sur les carreaux de glace en regardant les jardins; aucune considé-

1. La comtesse du Barry faisait de ces objets des loteries pour les artistes.

ration ne le retenait dans l'expression de ses mépris. Les mémoires du temps disent qu'un jour, à la croisée d'une galerie, il cracha comme par distraction sur les belles épaules de la comtesse du Barry. Quand le comte Adolphe, nommé grand écuyer, vint tenir l'étrier de M. le dauphin, selon l'usage, il reçut une forte bourrade qui le renversa. C'était assurément de la vertu dédaigneuse, mais elle pouvait s'exprimer dans des formes moins grossières; il fallut la douce intervention de la dauphine pour que le roi ne punît pas une inconvenance d'autant plus dure qu'elle venait de haut et qu'elle ne pouvait être réparée par un croisement d'épées[1]. Un écrivain très-royaliste, enthousiaste de la reine, ajoute : « Le trouble et la confusion furent extrêmes; le dauphin refusa les excuses; Mme la dauphine écrivit sur-le-champ un billet affectueux à la comtesse du Barry, et le jour suivant elle supplia le roi lui-même d'être témoin de sa vive douleur. « Je « vous plains, ma chère enfant, lui dit Louis XV, « de tous les chagrins qu'il pourra vous donner; « et malheureusement ce caractère empirera tous « les jours. Venez à tous moments, mon aimable « archiduchesse, mais que lui ne m'approche

---

1. C'était le jeune neveu de la comtesse.

« jamais » Cette menace du roi n'alla pas plus loin. La comtesse du Barry écrivit respectueusement à Mme la dauphine que tout était oublié [1].

Le dauphin ne se contenait même pas avec ses frères, qu'il aimait pourtant avec tendresse. Le comte de Provence et le comte d'Artois, nouveaux mariés, avaient épousé deux sœurs de la maison de Savoie ; les princesses n'étaient pas jolies [2], mais elles avaient de l'esprit, de la grâce, de la bonté surtout. Le dauphin dit au comte de Provence sans déguisement que sa femme n'était pas belle : « Je la trouve à mon gré, répondit le comte, et cela suffit. » Mme la dauphine, en apprenant ces paroles indiscrètes, mit tout son soin à les réparer. Elle savait que le comte de Provence, très-amateur de causeries, prenait un plaisir intime dans les tête-à-tête avec sa femme, les pieds sur les chenets : la dauphine s'empressa de dessiner à la main le *couple heureux* à la manière de Boucher et de l'offrir à la jeune comtesse. Entouré d'hommes de lettres et de poëtes, le comte de Provence faisait de petites épigrammes, des logogriphes mordants

1. *Mémoires secrets des malheurs et de la mort de la reine de France*, par M. Lafont d'Aussone.
2. Marie-Joséphine de Savoie, née le 2 septembre 1753, comtesse de Provence. Marie-Thérèse de Savoie, née en 1750, comtesse d'Artois. L'une avait seize ans, l'autre quinze.

contre son frère aîné, sur lequel il se croyait une incontestable supériorité.

M. le comte d'Artois, excellent jeune homme, l'esprit tout plein de légèreté, ne se préoccupait que de la coupe de ses habits, de la race de ses chevaux et de l'exquise galanterie; la dauphine était femme, et le comte d'Artois ne se serait pas permis de la blesser et encore moins de la calomnier. Grand dépensier, il ne songeait qu'à s'amuser; le premier il venait d'introduire en France les courses, les paris, les chevaux d'Angleterre [1]. Louis XV, très-français de cœur, le grondait quelquefois de cette anglomanie, mais le comte d'Artois lui répondait avec tant de grâce et de respect que le roi n'avait d'autres moyens d'en finir que de lui donner quelques rouleaux de mille louis pour ses plaisirs.

Au reste, Louis XV planait toujours en maître sur ces petites jalousies. La force de sa couronne résultait du dernier coup d'État qui avait ramené l'unité dans la monarchie; tout était paisible, assuré. Le roi n'eût pas souffert un obstacle, une intrigue sérieuse dans sa famille. Il portait avec

---

1. Le comte d'Artois était fort lié avec le duc de Chartres et le prince de Lamballe, et ce furent ces trois princes qui amenèrent le goût des courses anglaises. Le comte d'Artois fit grimacer Louis XV quand il prononça pour la première fois le mot *sport*.

inquiétude son regard sur son successeur. Si l'opposition était apaisée, elle n'était pas définitivement vaincue; elle avait un chef tout trouvé, M. de Choiseul, et ses forces étaient dans les parlementaires exilés.

Les partis ont un instinct particulier des éléments d'opposition qui peuvent les servir; ils avaient donc aperçu dans le dauphin une tendance extrême à la popularité, et les mécontents servaient ses goûts. La popularité est une douce sirène qui caresse et endort. Quand le silence se faisait autour de Louis XV, le dauphin et la dauphine étaient partout entourés d'hommages et de vives acclamations; chaque fois qu'ils venaient à Paris, la foule se groupait autour de leur carrosse; au théâtre, ils étaient accueillis par des salves d'applaudissements; on exaltait leurs vertus, leur esprit, et ces éloges ne pouvaient se donner qu'aux dépens du système de Louis XV, car la plus dure critique vient des contrastes entre les fautes du présent, les espérances de l'avenir.

Les actions les plus indifférentes, les plaisirs même de Mme la dauphine étaient un sujet d'éloges les plus enthousiastes. Au sortir d'un bal masqué, elle trouva les vers que voici :

> Quand au milieu d'une brillante cour
> .Aux rois nous offrons notre hommage,

Le respect sur notre visage
Tient lieu de masque au tendre amour ;
C'est pour mieux nous faire connaître,
  A la félicité du maître
Chacun veut applaudir de près.
Pour donner à notre tendresse
Le droit d'éclater librement,
Faut-il en ce jour d'allégresse
Recourir au déguisement?
Ce qu'ils sent, hautement le Français le publie,
Laissez-lui la sincérité,
En est-il un qui ne s'écrie :
Cette Dauphine en vérité,
Nous l'aimons tous à la folie !

Louis XV avançait en âge ; on ajournait donc toutes les ambitions à l'avénement du dauphin, qui, simple, modeste, ennemi de tout faste, de tout apparat, changerait les idées de gouvernement ; on espérait enfin un règne politique. Les plaisirs lui étaient indifférents, la représentation insupportable, à ce point qu'il dormait à table dans les banquets solennels. C'était pour lui une véritable corvée que d'aller au spectacle, et il ne se déridait qu'aux paroles un peu osées, qu'aux couplets grivois. La dauphine, l'excusant toujours, disait de lui : « C'est un lingot d'or dans une enveloppe de terre. » Il aimait tendrement l'archiduchesse, quoi qu'en ait dit la médisante Mme Campan, sans environner cette tendresse

d'aucun de ces témoignages charmants qui flat-
tent les femmes. Chaque jour le dauphin allait à
la chasse, exercice qu'on lui avait recommandé
pour lutter contre une obésité précoce. La dauphine, toujours prévenante, gracieuse, cherchait
à le distraire, à lui donner un air du monde, à
vaincre sa timidité extrême. Les femmes ont de
l'amour-propre pour ceux qu'elles doivent aimer ; elles voudraient les rendre parfaits ; elles
prennent pour elles-mêmes les critiques qui s'é-
lèvent contre eux et les éloges qu'on leur donne.
L'archiduchesse boudait un peu, grondait quelquefois le dauphin qui lui répondait avec impatience ; mais aussitôt la bonté du caractère
revenait au galop ; plus le dauphin était dans son
tort, plus il se montrait repentant. De là cette
influence irrésistible que prit l'archiduchesse sur
Louis XVI devenu roi. Après une colère vient la
faiblesse ; après les torts vient un de ces repentirs
intimes qui cherchent à se racheter. Ces sortes
de caractères sont nécessairement dominés ; la
force et le pouvoir arrivent à la politesse froide
et contenue qui ne blesse jamais et marche à ses
fins avec convenance et réflexion.

III

LA PHILOSOPHIE. — LA LITTÉRATURE.

LES OPINIONS A LA MORT DE LOUIS XV.

(1765-1772.)

III

LA PHILOSOPHIE. — LA LITTÉRATURE. — LES OPINIONS

A LA MORT DE LOUIS XV.

(1765-1772.)

Depuis le poëme de Lucrèce qui porta un si
grand ravage dans les mœurs romaines, l'histoire
n'offre aucune époque où la société ait été si
profondément attaquée qu'à la seconde moitié du
règne de Louis XV. Les encyclopédistes, dans
leur compilation laborieuse, avaient gardé
quelque retenue, quelque respect, une certaine
modération dans les pensées et dans les formes;
d'Alembert qui dirigeait l'entreprise était trop
sous la puissance de ses places et de ses pensions
pour heurter les principes du gouvernement.
Voltaire lui-même à travers ses haines personnelles pour le christianisme respectait les idées
conservatrices, les rangs, la hiérarchie : il avait

horreur de la démocratie et de la confusion ; son *épître* si hardie à Uranie n'était qu'une profession de foi de déisme qui n'attaquait en rien les fondements généraux de l'ordre social.

Dans la période dont nous parlons, ce n'est pas seulement le christianisme qui est en cause mais tout ce que les hommes respectent et honorent. Helvétius publiait un livre pour prouver que la loi générale de l'humanité était le plaisir, source de toutes les actions ; le baron d'Holbach proclamait que l'âme du monde était la matière. Diderot détruisait la famille et pour populariser encore ces idées et les faire descendre jusqu'au bas-fonds de la société, on composa des écrits immondes d'un libertinage éhonté[1]. L'Angleterre et la Hollande inondaient la France de ces livres clandestinement édités.

A un degré plus élevé, l'écrivain le plus dangereux de tous ce fut Jean-Jacques Rousseau ; assurément aujourd'hui le génie de Rousseau n'entraînerait point le monde ; on lit difficilement ce qu'il a écrit : on ne s'explique plus la puissance de ses œuvres, et pourtant il faut reconnaître l'im-

---

1. Par exemple, *le Compère Mathieu, le Portier des Chartreux*. Ces deux livres furent attribués au marquis d'Argens : ils sont d'un obscur écrivain du nom de Dulaurens, réfugié à Bruxelles.

pression profonde que tous ces livres produisaient sur les cœurs et sur les imaginations au dix-huitième siècle. On pouvait distinguer dans les écrits de Jean-Jacques : la politique et la littérature ; le *contrat social* inaugurait le principe de la souveraineté du peuple et l'état de nature était présenté comme la perfection sociale. Ces idées, émises avec hardisse et une certaine éloquence, s'emparaient des esprits, et telle était cette puissance des écrivains, que, tandis que les parlements frappaient les œuvres et l'auteur, les plus jeunes, les plus riches parlementaires louaient à outrance le *contrat social* et les doctrines politiques développées par Mabli, l'abbé Raynal. Si la noblesse respectait encore pour la forme les traditions de la société monarchique, l'idée d'égalité fermentait au fond des cœurs, fortifiée encore par l'éducation classique des colléges alors confiée à la congrégation de l'Oratoire, aux frères de la doctrine chrétienne. On s'accoutumait à l'histoire de Rome, à Brutus, à Cassius ; on n'admirait que le dévouement des *citoyens* à la patrie, que Rousseau mettait à la mode ; les rois et les prêtres étaient également attaqués et Voltaire avait dit en plein théâtre dans OEdipe :

> Les prêtres ne sont pas ce qu'un vain peuple pense,
> Notre crédulité fait toute leur science.

Tout cela se lisait presque publiquement grâce à l'extrême faiblesse de M. de Malesherbes, directeur général de l'imprimerie chargé de la surveillance des écrits [1] ; ce que le magistrat devait réprimer il le laissait circuler en échange de quelques flatteries. La popularité s'achète souvent par l'oubli des devoirs.

Ainsi était le dix-huitième siècle, tout empreint des écrits de Voltaire et de Diderot; la *nouvelle Héloïse* fut l'œuvre la plus lue; chaque famille voulait avoir son *Émile;* la jeune fille rêva de Julie. La contagion des œuvres de Rousseau s'étendait dans tous les rangs; Jean-Jacques proscrit par le parlement était caché par Mme la maréchale de Luxembourg, sous les beaux ombrages de son château de Montmorency. Voltaire était roi à Ferney : toutes les bribes de sa plume étaient recherchées, ramassées avec une curiosité enthousiaste. Recevoir une de ses lettres était une bonne fortune et même la licencieuse *Pucelle* était lue avec une ardeur coupable par la génération des jeunes gentilshommes, car c'était surtout parmi les

---

1. La vie politique de M. de Malesherbes a été fort mal appréciée : son beau dévouement à Louis XVI au pied de l'échafaud a fait oublier ses fautes. En politique, disons-le pourtant, il vaut mieux sauver une monarchie que de mourir pour le roi.

hautes classes que les idées matérialistes exer-
çaient une détestable influence ; on semblait
laisser les notions du devoir (les préjugés selon
le langage d'alors), à la bourgeoisie, au petit
peuple, qui avaient conservé les traditions et
les douces habitudes de la religion et de la famille avec le respect des choses morales. Il y
avait à Paris de vieilles et pures familles de
bourgeoisie ; témoins les drapiers Quatremère,
les orfévres Paulet, les notaires Sylvestre (illus-
trés depuis par le nom de Sacy) ; mais la bourgeoisie n'avait qu'une influence modeste ; le gouvernement de l'État restait aux hautes classes de
la cour, de la noblesse et du clergé.

Dans cette agitation des âmes, grandit la coterie des économistes qui tendaient à bouleverser
les éléments de l'ancienne fortune publique. Il
est difficile qu'un État même fortement constitué n'ait ses plaies profondes ; or, quand un
homme de valeur promet de les guérir, de donner plus d'aisance, plus de bien-être, il est toujours écouté, et les économistes se servaient de
ces armes pour démolir le système des intendances
et de l'administration générale du royaume.
En parcourant aujourd'hui les provinces on
peut se faire une juste idée des travaux considérables que les intendants avaient accomplis.

Si le plus grand nombre de ces intendants s'é-
taient absorbés dans la pratique des affaires,
quelques-uns marchaient aux théories en acceptant la science nouvelle, que le médecin Quesnay
avait appelée *économie politique*, expression attrayante que l'intendant Turgot allait appliquer
avec esprit. C'était évidemment une intelligence
hardie que Turgot, théoricien ingénieux qui exposait ses idées avec un charme et une assurance
absolue [1]. Louis XV, le premier avait été séduit
par le médecin Quesnay; il parlait avec tant
d'assurance des moyens de réparer la fortune
publique, que le roi l'écoutait souvent avec
faveur. Turgot à travers ses formules absolues
avait aussi beaucoup d'entrain, ses idées se po-
pularisaient à la cour : il répétait tant qu'il
aimait le peuple! et ces mots sonores ont un
prestige sur les âmes !

Par la tendance de leurs idées, les économistes
pouvaient aspirer à une grande place dans la

1. Turgot était poëte, et on lui attribuait les vers sui-
vants, très-spirituels, sur le roi de Prusse :

> Ce mortel profana tous les talents divers,
> Il charma les humains qui furent ses victimes.
> Barbare en action, et philosophe en vers,
> Il chanta les vertus et commit tous les crimes.
> Haï du dieu d'amour, cher au dieu des combats,
> Il baigna dans le sang l'Europe et sa patrie.
> Gent mille hommes, pour lui, reçurent le trépas.
> Aucun n'en reçut la vie.

société : on arrivait à une époque de hardiesse et d'esprit de système. Toute école qui apportait un remède à des maux même imaginaires devait être acceptée, exaltée. Dans les finances par exemple, à l'administration pratique des fermiers généraux qui avait créé tant de ressources au crédit, les économistes voulaient substituer la régie avec un changement absolu dans le système des impôts, la liberté dans le commerce, l'industrie ; idées assurément bonnes, venues à leur temps ; mais qui tout-à-coup jetées au milieu de l'ancien régime devaient le secouer avec violence, l'entraîner dans des voies trop agitées pour la vieille société.

Cette société insouciante, oublieuse, tout en secouant les anciennes croyances, acceptait une certaine classe d'empiriques, aimée des oisifs, des curieux, des femmes à nerfs et à vapeurs. Ainsi le comte de Saint-Germain[1], original et spirituel, disait fort gravement : « qu'il avait vécu en tout temps et avec tous les hommes », et la connaissance approfondie qu'il avait de l'histoire, donnait à ses paroles un caractère de vérité accentué. Cagliostro, étrange personnage, d'une origine mystérieuse, prodiguait l'or, les pierre-

---

1. Il ne faut pas le confondre avec le comte de Saint-Germain, qui fut depuis ministre secrétaire d'État de la guerre.

ries vraies ou fausses qu'il créait par la chimie;
il guérissait les malades, rendait la vigueur à la
vieillesse (ainsi au moins le disaient ses partisans et ses admirateurs). La science de Mesmer
commençait à poindre: les personnages les plus
sérieux, admirateurs du magnétisme, célébraient
ses prodiges. Tandis qu'ils méprisaient du haut
de leurs dédains les pieuses légendes, ils gar-
daient une crédulité d'enfant pour les prodiges
annoncés au moyen des cartes, d'un sommeil
magnétique ou d'une double vue.

Les dernières années du roi Louis XV, très-
énergiques au point de vue de gouvernement,
voyaient s'agiter tout cet empirisme qui ron-
geait les os de la vieille société, et ici est une
remarque à faire; chaque fois que les gouverne-
ments entrent dans une voie de répression politique, et de vigueur d'autorité, ils laissent dans
la société un certain courant d'idées dangereuses qu'ils ne répriment pas. Comme ils sont
obligés de porter toute leur attention sur le
point qui les blesse le plus profondément, il
reste toujours une certaine liberté du mal dont
les mauvais esprits s'emparent. Ainsi le coup
d'État du chancelier Maupeou avait contenu les
parlements, réprimé les oppositions des princes
du sang et des pairs : mais il livrait la société

à l'Encyclopédie afin de garder un certain côté de popularité. On avait étayé le vieil arbre monarchique contre le vent impétueux des oppositions parlementaires sans apercevoir le ver rongeur qui pénétrait dans le tronc ; quand la séve serait corrompue ou épuisée l'arbre tomberait à la moindre secousse. Il est des époques où une chiquenaude renverse un géant.

IV

MARIE-ANTOINETTE, REINE DE FRANCE.

IV

Le 9 mai 1774, l'archiduchesse Marie-Antoinette (Mme la Dauphine) devint reine de France. Quand on se reporte aux sentiments, aux émotions des multitudes sous l'antique monarchie, on peut assurément dire que c'était un doux et beau titre que celui de reine de France, surtout lorsque celle qui le portait avait vingt ans! Le peuple gardait encore la superstition de ses princes; les aphorismes des écoles de Genève et de Hollande contre les *tyrans* n'étaient pas descendus jusqu'aux masses populaires; il y eut donc de l'ivresse dans les acclamations qui saluèrent la jeune reine de France, toute rayonnante de beauté et d'une majesté douce et charmante. Encore dauphine, on l'a vu, Marie-Antoinette était adorée. Chaque fois qu'elle était venue à Paris, le peuple avait réalisé les chevaleresques paroles du duc de Brissac, lors de l'entrée de la Dauphine : « Madame, vous avez autour de vous deux cent mille amoureux de votre personne. » Au théâtre, un soir, où, cachée dans la loge des gentilshommes du roi, Mme la dauphine assistait à la comédie française, le poëte des jolis madrigaux, Dorat[1], improvisa ces vers :

> Quoi ! sous un nuage envieux,
> Croyez-vous, auguste Dauphine,
> Pouvoir vous cacher en ces lieux ?
> Lorsque Vénus descend des cieux,
> On sent l'influence divine.
> Et lorsque vous trompez les yeux
> Le cœur français vous devine.

La condition difficile de cette douce popularité de Mme la dauphine, c'était de la conserver sur le trône, rude tâche pour tout pouvoir nouveau. Le mouvement qui allait entourer Louis XVI à son avénement était incontestablement une réaction contre Louis XV, et le roi devait être entraîné vers le triomphe des nouvelles idées. Le premier acte de son règne, j'oserai dire la première faute, fut la disgrâce des ministres du feu roi, MM. de Maupeou et d'Aiguillon, d'une capacité si forte, qui avaient retiré la *couronne du greffe*[2], selon l'expression de Voltaire. La

1. M. le chevalier Dorat était mousquetaire.
2. Pour faire allusion à l'exil des parlements.

reine aurait désiré le triomphe de M. le duc de Choiseul, le ministre de son mariage et de l'alliance autrichienne ; les préventions du jeune roi restaient trop forte contre M. le duc de Choiseul après les confidences du grand Dauphin son père, pour que Marie-Antoinette osât essayer de les détruire.

Le choix de Louis XVI se porta spontanément sur un vieillard insouciant, léger, le comte de Maurepas de la famille ministérielle des Phélippeaux, créé comte de Pontchartrain par Louis XIV[1]. Les curieux qui visitent la collection des Manuscrits de la Bibliothèque impériale peuvent distinguer entre toutes les merveilles, le recueil *dit de Maurepas*, collection complète des chansons équivoques ou malsaines que l'homme d'État avait ramassées durant sa disgrâce sous le règne de Louis XV (28 volumes in-folio reliés magnifiquement aux armes du ministre). Cette œuvre donne la mesure du caractère léger, insouciant de M. de Maurepas ; et ce fut à ce vieillard mi-parti philosophe et si facile de mœurs que le jeune roi Louis XVI, la vertu, l'honnêteté sur le trône, confia le premier portefeuille à son avéne-

1. Le comte Jean Frédéric, comte de Maurepas, petit-fils du chancelier Pontchartrain, né en 1701, avait donc soixante-treize ans à l'avénement de Louis XVI.

ment. Pour donner une certaine force, une durée, un motif à son pouvoir, M. de Maurepas dut chercher un appui populaire dans la démolition du système inauguré par le chancelier Maupeou, la disgrâce des anciens ministres et le rappel des parlements. L'œuvre de conservation et d'énergie du roi Louis XV une fois brisée, M. de Maurepas choisit des collègues parmi les chefs des écoles philosophiques et économistes. Les lois antiques devaient successivement tomber devant les hommes nouveaux et les idées jeunes et populaires [1], représentées par MM. de Malesherbes, Turgot et le comte de Saint-Germain.

Sortons de la politique pour dire qu'un des premiers actes de l'avénement fut un charmant bouquet donné à la reine Marie-Antoinette. Dauphine elle avait toujours manifesté un goût trèsvif pour le *petit Trianon* de Louis XV : la jeune reine le reçut en toute propriété des mains du roi [2], et dès ce moment elle en fit son séjour favori et se consacra tout entière à son embellissement ; dans cet œuvre d'art, le goût de la reine se manifesta sous la double impression des idées allemandes de Gesner et de la *nouvelle Héloïse*.

1. J'ai donné beaucoup de détails dans mon livre sur Louis XVI.
2. L'acte du roi est de juin 1774, daté de la Muette.

Trianon changea d'aspect ; elle y traça des lacs factices, des moulins, vrais décors de théâtre, des jardins à l'anglaise, des chaumières, des chalets façonnés de bois, des ruisseaux, des petites prairies couvertes de fleurs des champs comme sur un chapeau de bergère, des temples mythologiques dédiés à l'amour, à l'amitié, presqu'un opéra de Sédaine. Trianon, solitude aimée de la reine, devint un refuge contre les étiquettes de la cour et ses ennuyeuses grandeurs ; elle trouvait dans ces innocentes parties de campagne un contraste souvent nécessaire avec les habitudes sérieuses du roi Louis XVI ; profondément dévoué à ses devoirs, le roi était l'ennemi de tout plaisir futile, il travaillait aux affaires d'État, présidait chaque conseil ; sa science diplomatique était vaste, sa correspondance intéressante, nourrie de faits et avec un sentiment profond de ses devoirs et des intérêts de la France.

Le roi connaissait l'Europe mieux que personne, et il avait choisi pour ministre des affaires étrangères le comte de Vergennes, esprit très-distingué qui acceptait les idées du roi : rivalité avec l'Angleterre sur le continent, dans les colonies, et par conséquent création d'une grande marine appelant le concours des escadres danoises, suédoises et russes dans la Baltique et des

flottes d'Espagne et de Naples dans la Méditer-
ranée; traité avec la Russie pour la liberté des
pavillons et l'indépendance des neutres; rappro-
chement avec la Prusse, sans blesser l'Autriche,
mais aussi sans lui faire de concessions. Rien
n'était plus parfait, plus éclairé que la correspondance du roi; ses lettres à M. de Vergennes
sont des chefs-d'œuvre de clarté [1], et d'appréciation. Louis XVI avait moins de valeur dans les
questions de l'Intérieur parce qu'il était sous la
séduction de la popularité : il ne se contentait pas
de rappeler les parlements; il se livrait à toutes les
idées de M. Turgot, théories avancées qui incon-
sidérément appliquées sans mesures et sans pré-
cautions avaient amené de grandes agitations
dans le royaume; les parlements après les premiers jours de reconnaissance pour leur rappel,
toujours enclins à l'opposition, deviendraient le
dangereux obstacle du règne. Les corps politiques
sont ainsi faits; souvent ils prennent les concessions qu'on leur accorde et s'en servent contre
ceux qui les donnent.

L'avénement de Louis XVI à la couronne avait
un peu changé les conditions de la famille
royale. Le comte de Provence, devenu *Monsieur*,
selon l'étiquette royale, avait reçu comme apa-

1. J'ai publié la plupart de ces lettres dans mon *Louis XVI.*

nage le château du Luxembourg, l'ancienne demeure de Marie de Médicis, parce que la reine avait désiré que les princes eussent une habitation à Paris. Monsieur néanmoins préférait sa délicieuse résidence de Brunoy[1] où il menait une grande existence, entouré de gens de lettres et de poëtes sous l'influence de Mme de Balbi. Cette société allait à son esprit tout littéraire ; le poëte Ducis, l'imitateur du théâtre anglais, était son secrétaire des commandements : Lemierre admis dans son intimité travaillait avec S. A. R. Arnaud (depuis le tragique) était dans son service de garde-robe. Monsieur passait pour un esprit très-avancé, et sa popularité venait de cette renommée ; sa conviction était que seul il pouvait conduire les affaires du royaume, prétention que Louis XVI admettait moins que tout autre. Dans les commencements de son règne, Monsieur s'était montré très-empressé, très-galant même pour la reine ; on citait de lui, ou de Lemierre, son poëte faiseur, ce joli madrigal qui accompagnait l'envoi d'un éventail.

> Au milieu des chaleurs extrêmes
> Heureux d'amuser vos loisirs,

1. Brunoy avait appartenu au duc de la Rochefoucauld, l'auteur des *Maximes*, qui l'avait vendu au financier Paris Montmartel ; Paris, marquis de Brunoy, fit bâtir le château qu'habitait Monsieur.

J'aurais soin près de vous d'amener les zéphirs,
Les amours y viendront d'eux-mêmes.

Avec cette flatterie galante de poëte pour une belle souveraine, Monsieur déjà faisait une sournoise opposition, dictant de petites épigrammes à son ami, son confident, le vicomte de Montesquiou [1], épigrammes qui devinrent plus tard de véritables pamphlets répandus à la cour, où la médisance était à la mode comme un des traits de l'esprit.

M. le comte d'Artois s'était chevaleresquement dévoué à la reine, fort indulgente pour les dissipations du jeune prince; les folles divinités du théâtre préoccupaient bien plus Son Altesse Royale que la politique. A la tête d'une génération nouvelle de gentilshommes étourdis, il en aimait les dissipations, paris, courses, passion de chevaux élégants et indomptés. Les modes et les coutumes anglaises avaient triomphé à l'avénement de Louis XVI : on jouait, on pariait à Trianon. Ce fut à la suite d'un pari que fut construit le petit château de Bagatelle; tandis que la reine vantait ses créations de jardins à Trianon, le comte d'Artois répondit qu'il ferait construire un

---

1. Les Montesquiou, fort protégés par Monsieur, firent alors constater leur origine carlovingienne, ce dont Louis XV, si bon généalogiste, avait ri plus d'une fois.

pavillon de plaisance, en moins d'un mois, au bois de Boulogne, près de Longchamps. Le pari fut gagné, et, comme un décor de théâtre, s'éleva la plus délicieuse résidence, qui, dans le langage léger du temps, fut appelé *Bagatelle*[1], et plus tard la *folie d'Artois*, épithète à la mode; on avait les *folies Méricourt*, les *folies Saint-James*, les *folies Genlis*. L'histoire de la folie Saint-James était la plus curieuse: dans le terrain parqué entre la Seine et l'avenue de Neuilly, M. Lenormand d'Étioles, l'oncle de la marquise de Pompadour avait embelli l'antique demeure du cardinal de Retz (les frondeurs l'appelaient sa chambre). A la mort de M. Lenormand, un autre financier, fournisseur de la marine, Beaudard de Saint-James, acquit ce petit domaine, et il dépensa son immense fortune en fantaisies : pavillons chinois, bosquets idéals, rochers immenses d'où s'élançaient des cascades bouillonnantes, jardins d'hiver qui contenaient toute une flore d'Asie et d'Amérique[2]. Entre les *folies d'Artois* et de *Saint-James* brillait de son antiquité, le château de Madrid, vaste et solide construction de la

---

1. Bagatelle ne coûta que 600 000 livres. Le comte d'Artois avait fait graver pour inscription . *Parva sed apta.*
2. Saint-James déposa son bilan et fit une bruyante faillite.

renaissance, qui rappelait par son ornementation dentelée et les vives couleurs de ses faïences, l'Alcazar et l'Alhambra, souvenir de la captivité de François Ier. Henri II l'avait habité après que Philibert Delorme eut refait le château dans des formes plus sérieuses. Le roi Henri II y avait placé sa célèbre ménagerie d'ours, de lions, de taureaux sauvages, qu'il faisait attaquer par des chiens molosses souvent vainqueurs[1]; Madrid avait souvent abrité la reine Margot, la sœur de Henri III, et le roi Louis XIII. Au dix-huitième siècle, la couronne l'avait cédé temporairement au maréchal d'Estrées, puis à M. Fleuriau d'Armenonville, qui fit construire au milieu du bois le petit chalet qui porte encore son nom. Confisqué et vendu, le château de Madrid fut démoli en 1794; les marbres et les boiseries passèrent à l'étranger; et les beaux émaux de Della Robia, d'une valeur inestimable, furent achetés par un maître paveur et réduits en poussière de ciment[2].

L'ami du comte d'Artois, le compagnon de ses paris, son rival pour les modes anglaises, était le duc de Chartres, l'héritier de la branche d'Or-

1. Voir mes *Mignons de Henri III.*
2. Le château de Madrid fut vendu par le district 648 000 assignats; le plomb seul rapporta 155 000 livres.

léans. Après deux générations de princes graves, venait le duc de Chartres, aux mœurs bruyantes scandaleuses; sa fortune était immense, car il avait épousé la fille du duc de Penthièvre, le plus riche propriétaire du royaume. Philippe d'Orléans avait les plus beaux chevaux, les jockeys les plus exercés; initié aux coutumes du sport d'Epson, l'ami du prince de Galles, il montait ses propres chevaux, en casquette et la veste courte, avec une grande audace, et ces hardiesses lui avaient fait de nombreux amis parmi les jeunes gens épris des nouveautés, Lauzun, Silleri, Sainte-Foix, courageux débauchés qui jetaient leur vie au plaisir. A cette jeunesse impatiente, le Raincy ne suffisait plus, et le duc de Chartres embellit le jardin de Monceaux, imitation des parcs anglais, semés de ruines antiques, de temples grecs, de rochers suspendus, de cascades et d'immenses ombrages sur de vertes prairies.

Il se formait ainsi une ceinture de beaux châteaux autour de Paris. Marie-Antoinette vivait plus à Trianon qu'à Versailles; l'étiquette importunait la reine, et c'était son tort; Mme de Noailles avait raison de blâmer ces goûts de bergerie et ces fadeurs de cottage; une reine de France se devait au respect de tous. Ces remontrances ennuyaient Marie-Antoinette, éprise de la vie simple et un peu sentimentale. Elle passait de la broderie à l'épinette et de la musique de Gluck à de longues promenades à pied en robe de Linon, en large chapeau de paille, dans les allées de Trianon. Ce fut comme contraste aux étiquettes de Mme de Noailles que la reine prit en grande faveur une jeune femme qui venait de paraître à la cour ; elle avait été frappée de sa figure, de ses manières simples, de sa parole douce, de son respect charmant. Cette jeune femme était Yolande-Gabrielle de Polastron, comtesse de Polignac.

V

LES ORIGINES DE LA FAMILLE DE POLIGNAC.—LE CARDINAL.

LE COMTE ARMAND. — LES POLASTRONS.

LA CHANOINESSE.

LA COMTESSE YOLANDE-GABRIELLE DE POLIGNAC.

V

LES ORIGINES DE LA FAMILLE DE POLIGNAC. — LE CAR-
DINAL. — LE COMTE ARMAND. — LES POLASTRONS. —
LA CHANOINESSE. — LA COMTESSE YOLANDE-GABRIELLE
DE POLIGNAC.

La famille des Polignac se rattachait, par son
illustration féodale, aux Chalençon, barons du
Velay; dans le onzième siècle, un sire de Polignac, seigneur de Chalençon, montrait son écu
armorié parmi les paladins de la première croi-
sade : il est cité dans la chronique de Raymond
d'Agiles[1]; on trouve ce nom encore dans la
Gallia-Christiana (la Gaule chrétienne). Un des
aïeux fut Guillaume, seigneur de Chalençon, mis

1. C'est dans Raymond d'Agile, Robert d'Aix, Guillaume
de Tyr, recueillis par Bongars, *Gesta dei per Francos*, qu'on
peut trouver la liste des croisés; la salle des croisades, à
Versailles, est faite avec beaucoup de légèreté, et même de
complaisance.

en possession de la baronnie de Polignac par arrêt du parlement de Paris (1461). La vraie illustration de la famille venait de Melchior, cardinal de Polignac, successivement ambassadeur de France en Hollande, en Pologne, à Rome, l'auteur de l'*Anti-Lucrèce*, dont Voltaire a dit :

> Le cardinal, oracle de la France
> Réunissant Virgile avec Platon,
> Vengeur du ciel et vainqueur de Lucrèce.

Un portrait, œuvre de Rigaud, a reproduit les traits du cardinal de Polignac[1], la plus belle des figures de la fin du dix-septième siècle : des yeux admirables, une bouche et un front suave et doux ; l'esprit, tempéré par la bonté, respire en lui. Né au Puy en Velay, patrie de ses ancêtres, il avait commencé sa carrière dans les ordres. Caudataire[2] du cardinal de Bouillon à Rome, il l'avait secondé dans les négociations les plus difficiles ; sa parole était persuasive, éloquente, d'une dignité parfaite et d'une sincérité respectueuse qui osait la contradiction avec la puissance la plus haute. Le pape Alexandre VIII lui avait dit : « Je ne sais, cher abbé, comment vous faites ; vous paraissez toujours être de mon avis,

---

1. Le cardinal, né le 11 octobre 1661, mourut en 1741.
2. Porteur de manteau, dignité très-recherchée. Le caudataire était l'homme de confiance du cardinal.

et c'est moi qui finis par être du vôtre. »
Louis XIV, à la suite d'une longue conversation
avec l'abbé de Polignac, avait répété ces paroles
à ses courtisans : « Je viens d'entretenir un
homme, et un jeune homme, qui m'a toujours
contredit sans que j'aie pu me fâcher un moment. » Cette renommée d'habileté, de distinction et de bienséance le fit désigner pour l'ambassade de Pologne auprès de Jean Sobieski.
Nommé auditeur de rote, il suivit le cardinal de
la Trémouille à Rome, et le roi, très-satisfait, le
nomma son plénipotentiaire au congrès d'U-
trecht, négociation bien délicate dans les malheurs de la France. Il y montra autant de
dignité que d'habileté ; il portait alors le simple titre de comte abbé de Polignac ; il fut
nommé cardinal sur la présentation de Jacques
Stuart, roi détrôné d'Angleterre. Avec une délicatesse infinie, le cardinal se retira du congrès,
pour ne point sanctionner l'exil de son royal
protecteur. Esprit lettré, très-lié avec le parti
académique, il s'était dévoué à la duchesse du
Maine et à la coterie de Sceaux, dispersée par
la politique forte et dessinée du régent[1]. Le cardinal ne reparut dans les affaires qu'après le

1. J'ai raconté cette conspiration dans mon *Cardinal Du-
bois*.

ministère de M. le duc de Bourbon : il fut alors
définitivement nommé ambassadeur à Rome, la
cité de ses rêves et de ses études. ▪

Le séjour de Rome a un charme particulier ;
on y respire les parfums de l'antiquité ; un
sentiment mélancolique s'empare des âmes et
les études y prennent une teinte de poussière
et de catacombes. Le cardinal profondément
érudit s'était déjà fait remarquer par ses harangues latines ; il parlait le grec d'Athènes et de
Corinthe avec une pureté extrême ; à Rome le
cardinal, les auteurs classiques à la main, par-
courut l'*urbs* antique pour restituer, ici un
palais détruit, là un portique en ruine, un
aqueduc brisé avec les temples, les statues
d'Adrien, de Trajan, de Marc-Aurèle ; il parvint
à profondément connaître la civilisation, les
mœurs, les habitudes des Romains. L'aspect de
tant de grandeurs tombées en poussière fait
naître le dédain de la gloire matérielle[1] et au
milieu de Rome, le cardinal Polignac conçut la
pensée d'un poëme latin, réfutation de Lucrèce :
il en avait pris la première idée dans une conversation à Leyde avec le sceptique Bayle, invo-

---

1. C'est aux fouilles du cardinal de Polignac qu'on doit la
découverte de la villa Marius à Frascati, et de la maison
de César, dans la vigne Farneze.

quant à l'appui de ses opinions le matérialisme
de Lucrèce. Cette œuvre le cardinal l'accomplit ;
elle se faisait remarquer par la pureté de sa pro-
sodie ; on eût dit que Virgile, Cicéron et Horace
lui avaient prêté leur esprit ; ses dissertations
sur les atomes et contre les erreurs de la physique de Lucrèce étaient pleines de verve, de
haute science ; le style étincelant du cardinal
peignait la triste action du matérialisme sur les
âmes. *L'anti-Lucrèce*, produisit une profonde
sensation dans le monde savant : tous les honneurs vinrent couronner le cardinal avant sa
mort, il fut tout à la fois membre des trois aca-
démies françaises, des sciences et belles lettres :
commandeur des ordres du roi.

Le nom et l'héritage du cardinal mort à
quatre-vingts ans passa à son neveu Melchior-
Armand de Polignac, colonel du régiment Dauphin (cavalerie), qui avait épousé une Mazarin
Mancini ; il laissa quatre enfants : le comte Jules
de Polignac mestre de camps du régiment du
Roi cavalerie, son cadet Philippe Jules, et deux
filles, toutes deux du nom de Diane (tradition
de la cour de François Ier) ; l'aînée portait
l'habit de chanoinesse mi-partie de grandes
abbayes et de la cour. Ravissante institution
dans la vieille Europe religieuse féodale que

le titre de chanoinesses qui tenaient à la fois au monde et au cloître.

Au mois de juillet 1767, le comte Armand de Polignac épousa Gabrielle-Yolande-Claude-Martine de Polastron, fille du comte de Polastron gouverneur de Castillon en Médoc grand sénéchal du comté d'Armagnac d'ancienne noblesse méridionale. La jeune fiancée avait dix-sept ans, moins jolie que gracieuse et douce; son admirable regard fascinait les cœurs : les Polignac[1], sans fortune, vivant au château de Claye en Brie, y tenaient un rang modeste; rarement ils venaient à la cour; comme tant de bons gentilshommes ils avaient dissipé leur patrimoine en guerre au service du roi sans garder assez de revenus pour tenir rang à Versaille; les voitures, les équipages étaient un peu vieillis à côté du luxe des courtisans. Toutefois au mariage de Mme la Dauphine, la famille des Polignac avait paru à l'œil de bœuf; elle y revint pour la seconde fois aux fêtes du sacre. Ce fut là que la nouvelle reine remarqua la jeune comtesse Gabrielle de Polignac. Pour comprendre le principe et le développement de la vive amitié de Marie-

1. Les armes des Polignac étaient fascé d'argent et de gueule : pour supports deux griffons, et pour devise : *Sacer custos pacis*, ce qui se rattachait à l'esprit du cardinal.

Antoinette pour la comtesse, il faut bien se-
rendre compte de la situation de la jeune reine.
Le monde ne comble pas le vide de l'isolement,
souvent on est seul dans la multitude. Ainsi était
la reine; elle cherchait un cœur dai s lequel elle
pût s'épancher; elle avait plus de déférence que
d'entraînement pour la duchesse de Noailles, qui
ne correspondait nullement à son caractère: les
respects exigeants n'inspirent pas la confiance
et encore moins l'amitié. L'autorité de Mme de
Noailles s'amoindrit à l'avénement. Louis XVI
désira que la reine eût une surintendante de
sa maison, dignité suprême qui correspondait
à la *Camariera mayor* de la cour de l'Escu-
rial (la duègue gardienne de l'honneur), qui
avait tant désolé ou ennuyé les reines d'Espagne au *Buen-Retiro* ou à *Aranjuez*. Le choix
de Louis XVI se porta sur la princesse de Lamballe[1].

Marie-Thérèse-Louise de Savoie-Carignan, née
en 1749, était fille du prince Louis-Victor de Savoie-Carignan; à seize ans elle avait épousé le
prince de Lamballe, fils du duc de Penthièvre et
l'héritier de cette immense fortune, caractère faible et dissipé, l'ami intime du duc de Chartres,

_1. En 1775.

coureur de chevaux, de déesses de théâtre et de
courtisanes faciles. Dans cette vie agitée le
prince de Lamballe trouva la mort, entre une
coupe de vin et un sacrifice à Vénus : la princesse restée veuve à dix-huit ans auprès d'un
vieillard le plus pieux, le plus austère des hommes, ne comprenait de la vie que les devoirs ;
un moment on avait voulu en faire une reine de
France. Mesdames filles du roi, chastes et pures
princesses, espéraient absorber les passions de
Louis XV dans un mariage légitime en lui donnant une jeune et charmante femme. Le roi n'avait
pas voulu asseoir à ses côtés sur le trône une
reine de vingt ans : une maîtresse jeune était un
vice, une jeune reine eût été un ridicule pour
un roi de plus de soixante ans. La princesse revint à Rambouillet auprès du duc de Penthièvre ;
elle ne le quitta que pour accepter la dignité de
surintendante de la maison de la reine. La naissance presque royale de la princesse de Lamballe lui permettait une résistance respectueuse
sur l'oubli des étiquettes, précisément ce que
fuyait Marie-Antoinette. La reine avait donc besoin d'une amie heureuse de ses plaisirs, confidente de ses peines : et avec un entraînement de
tout cœur qu'elle ne put maîtriser, elle choisit
la jeune comtesse de Polignac ; elle lui demanda

pourquoi elle ne venait pas plus souvent à la cour, où elle serait heureuse de la voir ; la comtesse répondit modestement : « que si son bonheur serait de voir chaque jour sa souveraine, elle ne pouvait pas suivre les vœux de son cœur, parce que la fortune de sa famille ne le permettait pas. » Un tel aveu ne put arrêter Marie-Antoinette, elle parla au roi des services de la famille Polignac et obtint un brevet de 12 000 livres de pension [1]. La place de grand écuyer était vacante par la mort du comte de Tessé, le roi la fit donner au comte de Polignac et un appartement à Versailles fut accordé à la comtesse, afin que la reine pût la voir tous les jours à son gré ; cette figure douce lui était sympathique, et les plus énergiques sentiments en ce monde sont : la sympathie et l'antipathie, qui se transforment bientôt en vive amitié ou en haine profonde.

Le spirituel compilateur des mémoires de la marquise de Créqui, donne les portraits au vif de la comtesse Gabrielle-Yolande de Polignac et de sa belle-sœur Diane, à l'origine de leur faveur. « La comtesse Jules était une personne admirablement jolie, affectueusement polie, décente,

---

1. Le brevet de pension était motivé sur les sacrifices que la famille Polignac avait faits dans la guerre.

obligeante, d'une exquise aménité ; elle avait la peau de la blancheur d'un Narcisse , avec des yeux délicieusement doux, et ses lèvres charmantes , ainsi que le bout de ses jolis doigts étaient naturellement d'un incarnat et d'un éclatant aussi vif que le satin ponceau ; quand on la vit paraître à la cour, avec sa belle sœur la comtesse Diane de Polignac, on aurait dit une de ces blanches et douces colombes de l'Atlas avec leur bec et leur pied de corail, à côté d'une orfraie, d'une manière de chouette ébouriffée ou, si vous l'aimez mieux, une perruche à bec retors, avec des yeux ronds à deux cercles noirs. Le comte de Lauragais appelait la comtesse Diane de Polignac une sinistre Phébé [1]. Au contraire il était impossible de voir la comtesse Jules sans l'aimer, sans avoir envie d'employer son crédit pour elle ; elle était du nombre de ces heureuses personnes qui n'ont besoin que de paraître en face de leurs ennemis pour désarmer la malignité jalouse ; aussi lorsqu'on apprit que la jeune reine avait l'air d'éprouver pour cette aimable comtesse de

---

1. L'auteur des *Mémoires de la marquise de Créqui*, sans doute par amour du contraste, juge avec une sévérité outrée la chanoinesse Diane de Polignac, brune méridionale, spirituelle et mordante. Louis XVI, par des lettres scellées du grand scel, et contre-signées Philippeaux, l'avait créée comtesse de Polignac.

Polignac, une disposition de bienveillance distinguée, je vous assure que les personnes
judicieuses et les honnêtes gens n'en éprouvè-
rent pas plus d'étonnement que de contra-
riété. »

VI

LA COUR, LES MINISTRES DE LOUIS XVI.

LE PETIT CONSEIL DE TRIANON.

(1774-1779.)

VI

Vieillard léger, philosophe épicurien, on l'a
dit, le comte de Maurepas avait compris que
pour se maintenir au pouvoir et lutter contre le
retour du duc de Choiseul, il devait s'environner de noms chers au parti philosophique.
Le roi devait le suivre dans cette voie, car on
s'est trompé sur le caractère de Louis XVI,
quand on l'a représenté comme un prince ab-
sorbé dans les pratiques religieuses; profondément catholique, il n'aimait pas les prêtres en
dehors des églises; il fuyait les robes noires, et
un jour en chasse il ordonna à une troupe de
jeunes séminaristes de se retirer loin de sa vue'
parce qu'ils troublaient son plaisir. Le roi ne

craignait pas les idées de réforme dans le gouvernement de l'Église : une meilleure répartition du bénéfice, la résidence des évêques, la nécessité pour le clergé de concourir aux charges publiques, l'abolition des priviléges. Sur divers points, le roi avait déjà accepté les projets des économistes et les avait soutenus malgré la résistance et les émeutes à Paris où les gardes-françaises et suisses avaient été obligés de faire feu sur le peuple, pour faire prévaloir les idées de M. Turgot sur le commerce des grains. Les théoriciens, esprits absolus, ont ce caractère particulier qu'ils ne comptent jamais avec les obstacles et les malheurs publics [1]. L'avénement du roi fut ainsi compromis, sans que sa volonté en fût ébranlée ; Louis XVI répétait : « Il n'y a que moi et M. de Turgot qui voulons le bien du peuple : » expressions plus sentimentales que vraies.

C'était en vertu de ces idées philosophiques qu'il avait confié les sceaux de France à M. de Malesherbes. S'il faut mettre une grande discrétion en jugeant les renommées que l'opinion environne de tout son éclat, on ne doit pas toujours les accepter sans discussion, car les partis

---

1. La liberté du commerce des grains avait amené l'excessive cherté du pain et des accaparements.

souvent proclament vertueux les hommes qui servent leurs intérêts et leurs passions. Chrétien-Guillaume Lamoignon de Malesherbes était entré dans la magistrature à l'âge de seize ans, sous la direction du fameux abbé Pucelle, le médiocre héros de l'opposition parlementaire sous Louis XV[1]; conseiller d'abord au Parlement, M. de Malesherbes avait succédé à son père dans la présidence de la cour des aides, avec la direction de la librairie et de l'imprimerie, au temps de la publication de l'Encyclopédie; alors circulèrent librement les livres les plus outrageants pour la morale et la religion, écrits en Hollande et en Angleterre. Le sceptique Grim lui en faisait honneur : «M. de Malesherbes, dit-il, favorisait avec la plus grande indulgence l'impression et les débits des ouvrages les plus hardis; sans lui l'Encyclopédie n'aurait jamais pu paraître[2]. » De Lisle de Sales ajoute : « M. de Malesherbes prenait la peine lui-même d'indiquer aux philosophes les moyens d'éluder la rigueur des lois.» Parlementaire zélé dans l'opposition, M. de Malesherbes ne ménageait pas les termes des remontrances; Voltaire avec son esprit juste et son

1. Voyez mon *Louis XV*. L'abbé Pucelle avait été exilé dans la question du jansénisme.
2. *Correspondance de Grim*, 1775.

discernement politique écrivait à Mme du Deffand : « Je n'ai pas approuvé quelques remontrances de la cour des aides qui m'ont paru trop dures. Il me semble qu'on doit parler à son souverain d'une manière un peu plus honnête. » Et Voltaire avait raison. Lors du coup d'État du chancelier Maupeou, M. de Malesherbes avait été exilé, la cour des aides cassée ; et pourtant c'était M. de Malesherbes que le roi Louis XVI faisait ministre, comme un reproche jeté au règne de son aïeul !

Le choix le plus étrange fut celui du comte de Saint-Germain appelé par le roi au département de la guerre, brave officier assurément[1], mais d'une humeur acariâtre, qui avait passé une grande partie de son existence militaire au service des princes allemands, du Danemark et du roi de Prusse. Il avait admiré la discipline de Frédéric II et contracté les dures habitudes germaniques ; esprit chagrin, il se croyait toujours persécuté par la cour, comme Jean-Jacques Rousseau par les gens de lettres ; après la vie la plus agitée, il s'était retiré dans une petite terre d'Alsace qu'il cultivait de ses mains. Ce fut

---

1. Le comte de Saint-Germain n'avait fait en France que la campagne de 1764.

M. Turgot qui désigna le comte de Saint-Germain comme un esprit réformateur dont on espérait merveille. Les économistes racontaient avec enthousiasme que l'ordre du roi, qui l'appelait à Versailles, le trouva la charrue à la main, traçant les sillons de son jardin, comme Cincinnatus. Ces affectations de simplicité cachent souvent beaucoup d'orgueil et d'ambition.

A peine au ministère, le comte de Saint-Germain entreprit un système de réforme dans les rangs de l'armée; son premier acte fut la suppression presque absolue des corps d'élites de la maison du roi : les compagnies grises, noires, rouges des mousquetaires, ces belles troupes si brillantes, si braves, les gendarmes, les grenadiers à cheval, qui avaient si glorieusement combattu à Fontenoy. Désormais tout dut être rigide dans la tenue des officiers et des soldats; plus d'uniformes de fantaisie, l'abdication de cette élégance française qui charmait l'Europe, en la combattant avec bravoure; l'uniforme était la coquetterie des gentilshommes, la compensation de tous leurs sacrifices pour le roi et la France ! Un mécontentement général se répandit dans l'armée; elle fut humiliée sous cette nouvelle discipline qui se manifestait par la canne et le bâton. L'économie fut peu considérable et le mécontentement immense [1].

La reine avec un merveilleux instinct de délicatesse n'avait pas approuvé ces premiers actes de l'avénement, « ses lèvres roses, dit M. de Boufflers, s'étaient tant abreuvées du doux nectar de la popularité qu'elle voyait avec douleur le roi la compromettre. » Un jour qu'elle était allée à Paris après les émeutes des grains, Louis XVI lui demanda avec intérêt si elle avait été bien accueillie; Marie-Antoinette répondit franchement: « que le silence s'était fait partout. — C'est que vous n'aviez pas assez de plumes sur votre chapeau, répliqua le roi avec un accent narquois. — Dites plutôt que c'est votre Saint-Germain et votre Turgot que le peuple semblaient voir à mes côtés. » Ces aigres propos jetaient un peu de froideur dans les rapports de la cour.

Pour corriger cette situation effacée, la reine s'était créé une petite société personnelle avec le comte d'Artois, la comtesse Gabrielle de Polignac, les comtes de Vaudreuil, d'Adhémar, de Coigny, gentilshommes aux gracieuses formes qui passaient leur vie aux courses, aux théâtres, aux petites fêtes de Trianon. Le roi, grand tra-

---

1. Il fallut rembourser les charges, ce qui coûta plus de 20 000 000 de livres.

vailleur, à l'esprit préoccupé, n'était pas très-aimable, même pour ses amis, et encore moins pour les femmes jolies et courtisées ; les fadeurs de la galanterie lui étaient insupportables ; il aimait la reine sans jamais lui sacrifier un moment de son travail, de ses préoccupations ; il se couchait de bonne heure, se levait tôt, bâillait au théâtre, manifestait tout son ennui dans les fêtes et les bals ; d'une bonté parfaite et même extrême, il avait souvent des mots durs, désobligeants ; il réservait ses encouragements aux hommes sérieux et utiles, il ne comprenait pas la vie en dehors des devoirs ; studieux, sévère, il se relevait bientôt jusqu'à son devoir de roi par quelques paroles hautaines. Au demeurant très-faible, retenant un jour ce qu'il cédait le lendemain, le roi concédait ensuite plus qu'on ne demandait ; il refusait une poignée de louis', et inscrivait quelque cent mille livres sur le livre rouge [1].

En présence d'un roi sévère sur les mœurs, préoccupé exclusivement du bien public, la haute société n'avait pas changé d'allure et de mœurs ; on pouvait dire qu'elle était encore plus

---

1. Le livre rouge dont on a tant parlé était l'état des fonds secrets, système admis dans les temps modernes. Presque toutes les dépenses étaient utiles, surtout les pensions diplomatiques au département des affaires étrangères.

ouvertement oublieuse de ses devoirs que sous le sceptre facile de Louis XV. Journaux, mémoires disent que ce fut l'époque du triomphe des femmes de théâtre et des courtisanes à la mode. Mlles Guimard, Dupresle, Duthé, Laguerre, la Prairie, Théophile étaient richement aux gages des grands seigneurs, avec des prodigalités qui allaient jusqu'à la folie. On faisait des couplets publics sur les amours des princes et gentilshommes pour ces folles filles qui affichaient un luxe insultant dans les réunions publiques. On jouait sur les noms de Mlles Laguerre, Duthé, la Prairie.

> Bouillon est preux et vaillant,
>   Il aime *la Guerre;*
> A tout autre amusement
>   Son cœur la préfère.
> Ma foi vive un chambellan
> Qui s'en va toujours disant :
> Moi j'aime la guerre, ô gai!
> Moi j'aime *la Guerre*[1].

> Au sortir de l'Opéra
>   Voler à *la Guerre,*
> De Bouillon qui le croira?
>   C'est le caractère;

1. Collection Maurepas. Le duc de Bouillon, de la famille de Turenne, grand chambellan.

Elle a pour lui des appas
Que pour d'autre elle n'a pas :
Enfin, c'est *la Guerre*, ô gai! etc.

A Durfort[1] il faut *du Thé* :
    C'est sa fantaisie ;
Soubise, moins dégoûté,
    Aime *la Prairie*.
Mais Bouillon, qui pour son roi
Mettrait tout en désarroi,
Aime mieux *la Guerre*, ô gai! etc.

Ainsi étaient les grands seigneurs du règne de Louis XVI, sous l'aile des papillons dorés de l'Opéra ou de la Comédie. Deux princes gracieux de forme, galants et spirituels, étaient les rois de ces distractions mondaines, le comte d'Artois et le duc de Chartres. Ils ne mettaient plus aucun mystère autour de leurs folles passions; ils ne jetaient aucun voile sur leurs amours licencieuses. On citait publiquement leurs maîtresses, les cadeaux qu'elles en recevaient; les beaux chevaux donnés par l'un, le phaéton, la conque d'ivoire donnés par l'autre; et ces belles nymphes prenaient de toutes mains. Un jour solennel dans l'année, à la promenade de Longchamps, les courtisanes faisaient assaut de luxe et de ma-

1. Le comte de Durfort, lieutenant général, devint un négociateur très-sérieux à Vienne.

gnificence. Quand une étoile se levait, on courrait à elle. En vain la police voulait intervenir, elle était écrasée par les protecteurs[1]. « Mlle Raucour, dit un journal à la main, cette actrice de la Comédie française, dont le début a été si brillant, plus fameuse encore par son luxe et ses prodigalités, a été arrêtée le mercredi saint, comme elle montait en carrosse pour se rendre à Longchamps ; on l'a conduite au Fort-l'Évêque[2], où heureusement elle n'a pas couché, car elle aurait été écrouée de toutes parts par ses créanciers ; il aurait fallu des sommes énormes pour la secourir. Une main bienfaisante l'a retirée de ce pas. »

Comme si ce n'était pas assez de cette dépravation publique, le goût du jeu avait pris avec frénésie à Versailles. La vie de désœuvrement entraîne aux caprices du hasard la plus vive émotion de l'homme. Tandis que Louis XVI jouait un petit écu aux échecs, autour de la reine, à Versailles, on taillait un pharaon ruineux. Le roi voulait en vain empêcher par des rigueurs ce gros jeu si en dehors de ses habitudes. Il y a un tel prestige dans les cartes ! Les louis d'or scintillaient avec tant d'éclat sur

1. Journal de Bachaumont, 1780.
2. La prison des artistes.

le tapis vert que l'ivresse s'emparait des cerveaux. Tout s'oubliait au jeu, même les soupers élégants et la femme aimée. De cet entraînement naissait presque toujours la tricherie, les dés pipés et les cartes préparées [1] : la fascination du gain rendait souvent coupables des hommes de haute naissance. C'était moins leur faute que l'entraînement de cette atmosphère de lumière et d'or, palais de fée peuplé de vilains génies.

A Trianon on jouait moins : on avait pris le goût de la comédie, des petits opéras ; et le château, naguère douce et modeste retraite, tendait à se faire théâtre. La reine, élevée à Vienne avec le fanatisme de la musique, avait partagé les jeux de Mozart enfant ; deux comédiens avaient présidé à son éducation pour l'étude des langues et de la déclamation ; la reine avait un peu de voix, la duchesse de Polignac, charmante sur l'épinette, jouait la comédie d'une façon ravissante, et M. le comte d'Artois, MM. de Vaudreuil et d'Adhémar étaient des artistes d'infiniment d'esprit. Qui n'eût succombé à la tentation, parmi ces jeunes hommes et ces femmes ravissantes, de se montrer et d'être applaudis ! Le théâtre a toujours ses ivresses.

1. Les *Mémoires secrets* citaient quelques noms propres, mais il y a de l'exagération.

Louis XVI blâmait cette exhibition publique de la cour et se moquait de ce qu'il appelait les artistes forains. Une fois, au petit théâtre de Trianon, on jouait *le Devin du village;* la reine y chantait avec goût une ariette, lorsqu'un sifflet partit tout à coup du fond d'une loge; elle s'aperçut bientôt d'où cette petite malice venait; s'avançant alors jusqu'à la rampe, la reine salua profondément, et dit en faisant une petite moue rieuse : « Monsieur, si vous n'êtes pas content des artistes, allez à la porte, on vous rendra votre argent. » Ainsi Marie-Antoinette répondait avec esprit aux malices du roi, qui riait de bon cœur en accordant quelque faveur. A cette époque, la reine obtint pour le comte de Polignac, le mari de sa bien-aimée Gabrielle-Yolande, le titre de duc à brevet. Louis XVI avait pris en considération particulière Melchior de Polignac, son grand écuyer, esprit droit, militaire distingué. Si rien ne pouvait résister à la grâce ravissante de la duchesse Gabrielle, il y avait aussi dans la chanoinesse Diane une certaine fermeté de dessein qui tôt ou tard la faisait triompher. C'était la conseillère active de la famille, et ses résolutions, passant par la bouche de la duchesse Gabrielle, devenaient une prière exaucée par l'auguste châtelaine de Trianon.

VII

LA GUERRE D'AMÉRIQUE.

ESPRIT RÉPUBLICAIN DANS LA HAUTE NOBLESSE.

VOLTAIRE A PARIS.

LA PREMIÈRE GROSSESSE DE LA REINE.

(1775-1778.)

VII

LA GUERRE D'AMÉRIQUE. — ESPRIT RÉPUBLICAIN DANS LA
HAUTE NOBLESSE. — VOLTAIRE A PARIS. — LA PREMIÈRE
GROSSESSE DE LA REINE.

(1775-1778.)

Il faut parler maintenant de l'événement le
plus considérable dans l'histoire diplomatique
du règne de Louis XVI, l'émancipation des États-
Unis, coup vigoureux porté à la puissance anglaise.

Après le traité do 1765, que le duc de Choiseul avait signé pour apaiser l'opposition du
Parlement refusant les subsides, le ministre avait
conçu un projet de représailles contre l'Angleterre et sa prépondérance coloniale. Ce projet, il
ne pouvait l'atteindre sans assurer une paix pro-

fonde et des appuis sur le continent. Il avait resserré l'alliance de l'Autriche par le mariage du Dauphin avec Marie-Antoinette ; il cherchait les sympathies de la Russie et contenait la Prusse. Ainsi, maître de la paix sur le continent, le duc de Choiseul devait diriger tous ses coups contre l'Angleterre. Les colonies de l'Amérique septentrionale étaient fort mécontentes des Anglais, et le ministère espérait une insurrection générale [2], lorsqu'il fut renversé.

Louis XVI avait hérité de cette politique de représailles : tout en rendant justice aux grandeurs, au patriotisme de l'esprit anglais, le roi de France acceptait l'ancienne rivalité ; et quand ceux qui prenaient le titre d'*insurgeants* levèrent l'étendard de la révolte, le roi de France y applaudit sans prendre encore un parti dessiné et public, car M. de Vergennes craignait de brusquer une rupture avec l'Angleterre, et ainsi compromettre la paix du continent. L'esprit du salon de la reine était favorable à la cause des insurgeants. La jeune noblesse de Trianon, le marquis de Beauharnais (le beau danseur), les deux frères Lameth, pauvres gentilshommes presque

1. Il existe une correspondance du duc de Choiseul fort curieuse : des émisaaires étaient partout envoyés en Amérique.

enfants, les protégés de la reine ; M. de Lafayette, simple capitaine au régiment d'Auver-
gne, jeune mari de Mlle de Noailles ; le comte de
Vaudreuil, le riche colon ; le marquis de Rochambeau ; le marquis d'Adhémar, si chevaleresque ; le nouveau duc de Polignac ; le spirituel
Ségur et le brillant comte d'Artois lui-même,
par étourderie, protégeaient ouvertement les
idées et les principes des Américains, que repré-
sentaient à Paris Silas Déane, l'agent fédéral, le
baron de Kalli, brigadier au service du roi, et un
faux bonhomme, fort savant au reste, Franklin,
qui avait fixé sa résidence à Passy [1] sous le prétexte de ses expériences sur l'électricité. Toute
la petite cour de Trianon allait voir Franklin
dans son ermitage ; on admirait ses cheveux
longs épars sur ses épaules, arrangés avec beaucoup d'art, ses vêtements simples, ses formes
républicaines ; car c'était quelque chose de curieux à voir que ces gentilshommes, amis de la
reine, petits-fils des Croisés, déclamant pour la
liberté, l'égalité ; ils ne savaient pas assurément
la portée de leurs paroles : l'esprit du temps le
voulait ainsi.

On put voir et apprécier les tendances de la

1. C'est pour cela qu'une des rues de Passy porta le nom
de Franklin.

génération vers l'esprit nouveau lors de l'arrivée de Voltaire à Paris. Depuis le ministère du duc de Choiseul, Voltaire avait ardemment souhaité deux choses : la permission de résider à Paris, et le titre de marquis de Ferney. Louis XV, avec un sens exquis, avait refusé l'une et l'autre de ces faveurs. En vain Voltaire avait mis toute sa grâce, tout son esprit aux pieds de la comtesse du Barry [1], jamais le roi n'avait voulu consentir au retour de Voltaire, qu'il considérait comme le chef du parti antichrétien. Si Louis XVI héritait de ces répugnances, la société de Trianon ne pensait pas ainsi ; ces jeunes étourdis vivaient de l'esprit de Voltaire ; ils en savaient par cœur les petits vers. Le comte d'Artois avait un goût extrême pour les belles lettres : avec la reine, il pressa le roi d'autoriser le retour d'un vieillard n'aspirant plus qu'au repos et à la tombe. Tout ce qu'on put obtenir, ce fut que le lieutenant de police fermerait les yeux sur le séjour de Voltaire.

Immense triomphe pour le parti philosophique que le retour de ce vieillard, plus fêté qu'un roi ! Dans l'hôtel du marquis de Villette, au quai

1. J'ai donné les jolis vers de Voltaire dans mon livre sur *la Comtesse du Barry*.

des Théatins [1], il donna ses audiences avec l'apparat maussade d'un prince capricieux. Le maréchal de Richelieu, le squelette vivant des bonnes fortunes de la régence, fut pour ainsi dire son gentilhomme de la chambre. Voltaire, avec sa robe de chambre de damas chamarrée d'or, sa perruque à la Louis XIV et son bonnet de velours ponceau, était parfaitement ridicule. Et si on en croit les *Mémoires de Bachaumont*, le jour du carnaval, lorsqu'il sortit pour rendre ses visites, les enfants couraient après lui en criant les mots railleurs des jours gras. Mais les partis sont merveilleusement aptes à cacher les défauts de ceux qui servent leurs idées, et on ne peut dire avec quel enthousiasme on célébra cette grande victoire. « Hier, M. de Voltaire s'est tenu toute la journée en robe de chambre et en bonnet de nuit. Il a reçu, continue Bachaumont, la cour et la ville ; il donnait pour excuse qu'il était extrêmement fatigué, incommodé ; il parlait toujours de se mettre au lit, et ne s'y mettait point. Voici quel était l'ordre du cérémonial. On était introduit dans une suite d'appartements superbes dont Mme la marquise de Villette, maîtresse de l'hôtel, et Mme Denis, nièce de M. de Voltaire,

1. Près de la rue de Beaune : ce quai a pris lo nom de Voltaire.

faisaient les honneurs. Le valet de chambre allait avertir M. de Voltaire à chaque personne qui
venait. MM. le marquis de Villette et le comte
d'Argental, chacun de leur côté, présentaient
ceux que le philosophe ne connaissait pas et dont
il avait perdu le souvenir [1]. »

Voltaire était venu à Paris pour faire représenter sa tragédie d'*Irène*, œuvre d'une médio-
crité désespérante. Le Théâtre-Français tout
entier fut mis à sa disposition ; les artistes lui
ménageaient un triomphe ; le jour de la première représentation la salle était comble, moins
de peuple que de gentilshommes. Tandis que le
roi Louis XVI refusait avec fermeté de s'associer
à une telle manifestation, la reine, M. le comte
de Provence, le comte d'Artois, dans les loges de
la Comédie française, applaudissaient au triomphe de Voltaire. Une gravure contemporaine [2]
reproduit le Théâtre-Français le jour de la représentation d'*Irène :* les loges sont remplies de
ces charmantes figures de marquises dans les
plus riches déshabillés ravissants et coquets ;
toutes sont debout la tête hors de la loge et ap-
plaudissant au couronnement de Voltaire [3] : « Le

1. *Mémoires de Bachaumont*, février 1778.
2. Collection des estampes (Bibliothèque impériale).
3. La tragédie d'*Irène* fut jouée pour la première fois le
1er avril 1778.

saint, ou plutôt le dieu du jour, dit un chroniqueur, devait occuper la loge des gentilshommes de la chambre, en face de celle du comte d'Artois. Mme Denis, Mme de Villette étaient déjà placées, et le parterre était dans des convulsions de joie, attendant le moment où le poëte paraîtrait. On n'a pas eu de repos qu'il ne fût mis au premier rang auprès des dames. Alors on a crié la *couronne!* et le comédien Brizard est venu la lui mettre sur la tête : *Ah Dieu! vous voulez donc me faire mourir?* s'est écrié M. de Voltaire, pleurant de joie et se refusant à cet honneur. Il a pris cette couronne à la main et l'a présentée à *Belle et bonne.* Celle-ci la refusait, lorsque le prince de Beauveau saisissant le laurier, l'a remise sur la tête du Sophocle, qui n'a pu résister cette fois [1]. » On dit qu'après le spectacle le comte d'Artois vint visiter Voltaire et lui adressa les plus gracieux compliments, sans prendre garde que le laurier du philosophe écrasait la couronne royale.

1. M. le marquis de Saint Marc, à l'occasion du couronnement de Voltaire, écrivit ces vers que Mme Vestris fut chargée de répéter sur la scène au milieu des acclamations enthousiastes :

> Voltaire, reçoit la couronne
> Que l'on vient de te présenter :
> Il est beau de la mériter
> Quand c'est la France qui la donne.

Un intrigant très-spirituel faisait aussi à cette époque les délices de Trianon : c'était Caron de Beaumarchais[1], l'ancien accompagnateur de guitare chez Mesdames de France. Au théâtre, Beaumarchais avait composé deux drames qui avaient subi une chute méritée[2] : avec sa dextérité accoutumée, il comprit que le genre sérieux n'allait pas à son talent, ni à son époque ; bon musicien, agréable chanteur, Beaumarchais avait écouté dans un voyage en Espagne les douces sérénades, ces airs moitié maures, moitié castillans, et il sut les encadrer dans un dialogue français, plein de saillies. Le sujet du *Barbier de Séville* se trouvait dans le théâtre italien et dans les pièces de Molière : un amant inconnu, tendre et hardi ; une pupille gardée par un docteur suranné et enlevée par le jeune et beau Léandre, n'était-ce pas l'éternel sujet mis au théâtre depuis Térence ? Ce sujet, Beaumarchais l'avait relevé par un dialogue attrayant, vif, spirituel. *Le Barbier de Séville* ne réussit pas d'abord au théâtre, mais il fut protégé par la reine, le comte d'Artois, la duchesse de Polignac. Baumarchais fit des coupures, et la pièce remise

1. Pierre-Auguste Caron de Beaumarchais était né à Paris le 24 janvier 1732.
2. *Eugénie* et *les Deux Amis*.

au théâtre eut un plein succès ; on parla même
de la jouer sur le petit théâtre de Trianon : de
jeunes femmes, des étourdis, quand ils espèrent
la joie et le plaisir, ne s'arrêtent pas devant des
objections même sérieuses.

C'était un moment bien grave et bien doux
pour la reine ; on annonçait sa grossesse. Cinq
ans s'étaient écoulés depuis le mariage du roi
alors dauphin avec l'archiduchesse ; ils étaient
presque enfants l'un et l'autre, et l'on pouvait très-
bien expliquer par des causes naturelles ce retard
dans la maternité. Le comte de Provence n'é-
tait assurément pas plus heureux que son frère
(bien qu'il eût fait courir le bruit avec une
fierté narquoise que Madame était enceinte) ;
obligé de démentir cette grossesse, Monsieur
ajouta avec une colère toute pincée : « Elle
ne l'est pas, mais tous les jours cela peut
être. » Quand la reine mit au monde une jolie
petite fille, Monsieur dépassa toutes les conve-
nances, l'enfant fut présentée à la chapelle selon
l'usage et voici le récit d'un contemporain [1] :
« On a remarqué, dit le chroniqueur Bachaumont, une observation de Monsieur au baptême
de Madame, fille du roi. On sait que ce prince

1. Je donne là ce récit moins comme vérité que comme
expression du temps.

tenait l'enfant sur les fonts pour le roi d'Espagne. Le grand aumônier lui a demandé quel nom il voulait lui donner; Monsieur a répondu : « Mais « ce n'est pas par là où l'on commence; la pre- « mière chose est de savoir quels sont les père et « mère : c'est ce que prescrit le rituel. » Le prélat a répliqué que cette demande devait avoir lieu lorsqu'on ne connaissait pas d'où venait l'enfant; qu'ici ce n'était pas le cas, et que personne n'ignorait que Madame était née de la reine et du roi. Son Altesse Royale, non contente, s'est retournée vers le curé de Notre-Dame présent à la cérémonie et a voulu avoir son avis, lui a demandé si lui, curé, plus au fait de baptiser que le cardinal, ne trouvait pas son objection juste. Le curé a répondu avec beaucoup de respect qu'elle était vraie, en général; mais que dans ce cas, il ne se serait pas conduit autrement que le grand aumônier; et les courtisans malins de rire. Tout ce qu'on peut inférer de là c'est que Monsieur a beaucoup de goût pour les cérémonies de l'Église, est fort instruit de la liturgie, se pique de connaissance en ce genre. » Si l'anecdote est exacte, Monsieur se faisait ici l'écho des vilains pamphlets de Hollande et d'Angleterre[1].

1. Ces pamphlets sont devenus très-rares. J'en ai vu quelques-uns d'infâmes.

La joie du roi et de la reine fut immense lorsqu'un dauphin vint au monde : le crédit de Marie-Antoinette devint plus accentué puisqu'elle donnait un héritier au trône ; il s'étendit sur la duchesse de Polignac; le duc reçut une forte pension sur le *livre rouge;* le roi lui céda la baronnie de Fenestranges [1], domaine de la couronne d'une valeur à peu près de deux millions. Le duc eut le cordon bleu à la naissance du Dauphin: la reine ne quittait plus la belle et douce duchesse, toujours à ses côtés même plus que la surintendante princesse de Lamballe, alors souvent auprès du duc de Penthièvre, à Rambouillet ou au château de Sceaux, chanté par le chevalier de Florian : à la princesse de Lamballe fut dédiée. *Estelle et Nemorin,* cette bergerie où il manquait un loup, comme le disait M. de Boufflers.

La chanoinesse Diane de Polignac avait pris un certain ascendant sur le roi par son caractère ferme, tenace, même un peu dur. Ce que n'osait faire Yolande de Polignac auprès de la reine, Diane s'en chargeait auprès du roi. Louis XVI l'écoutait avec un vif intérêt, car

1. Fenestranges est près de Sarrebourg; cette baronnie fut réunie au domaine, en 1790, par l'Assemblée nationale, et revendiquée par M. de Polignac sous la Restauration.

elle était amusante et n'approuvait pas toujours la reine et la duchesse Yolande ; Diane espérait déjà pour sa belle-sœur la dignité de gouvernante des enfants de France. Quelle joie pour Marie-Antoinette que d'avoir incessamment à ses côtés, avec un titre de cour et presque de famille, l'amie de son cœur et la confidente de ses plus intimes secrets ! Louis XVI ne voulut point accéder à ce manquement aux étiquettes. La gouvernante des enfants de France allait de pair avec la surintendante et la princesse de Lamballe était de sang royal. La faveur de la duchesse de Polignac n'était pas arrivée à ce point de hauteur. Le roi nomma la princesse Rohan-Guéménée, un peu malgré la reine, et ce ne fut qu'à la disgrâce des Rohan que la duchesse de Polignac devint gouvernante des enfants de France.

Tels étaient les petits incidents de cour à côté des grands faits de guerre, la lutte glorieuse contre le pavillon anglais et l'émancipation des colonies américaines. Le roi portait la grandeur de la France dans son âme ; il avait peu réfléchi sur l'esprit nouveau, qui s'infiltrait dans la génération. Après Franklin, le héros du jour était le jeune marquis de Lafayette, le protégé de la reine à qui elle avait fait confirmer le haut grade de lieutenant général des armées royales par une faveur tout exceptionnelle! La reine s'était passionnée à ce point de copier de sa main les vers de la tragédie de M. de Belloy qui faisait allusion aux sentiments patriotiques du marquis de Lafayette. Le héros des deux mondes, c'était le titre déjà donné, à son retour d'Amérique, voyait beaucoup la société de la duchesse de Polignac; M. le comte d'Artois l'avait pris en grande affection. Cependant une jalousie de cour avait refroidi ces intimités : marié à une Noailles, le marquis de Lafayette ne pardonnait pas la faveur de la duchesse de Polignac qui avait secoué les étiquettes de la duchesse de Noailles, dame d'honneur de la reine, pour absorber toutes les faveurs.

La cour de Trianon était assurément poussée par de nobles instincts : orgueilleusement française, elle voyait avec joie la gloire et les faits d'armes de nos flottes. Dans le succès des Américains, elle saluait le triomphe de la France, de sa puissance politique et commerciale, sans remarquer que sous les plis du drapeau triomphant était le progrès des nouvelles idées : république, constitution, droits de l'homme, égalité; on allait préférer l'ordre de Cincinnatus à la croix de Saint-Louis; ce groupe de jeunes

officiers sans expérience, avec de petites ran-
cunes et de folles idées, allait chercher la popularité si séduisante, et les plus nobles dames
brodaient des écharpes pour les drapeaux républicains de Franklin et Wasinghton.

VIII

LES ROHAN. — LA MAISON DE LORRAINE.

VÉRITABLE SENS

DE L'AFFAIRE DU COLLIER.

LES PREMIERS OUTRAGES A LA REINE.

LES HAINES CONTRE LA FAMILLE DE POLIGNAC.

(1780-1784.)

VIII

(1780-1784.)

De tous les débris des races souveraines tombées avec la vieille féodalité, il n'en restait que deux vivants avec éclat : 1° les princes de la maison de Lorraine ; 2° les Rohan, anciens souverains de la Bretagne. La branche aînée de la maison de Lorraine portait la couronne impériale depuis le mariage de Marie-Thérèse avec le duc François ; quelques cadets étaient restés en France comme des rejetons du vieux chêne lorrain : Mlle de Guise qui se mésalliait en épousant le duc de Richelieu, le prince de Vaudemont, le comte de Marsan, le prince de Lambesc colonel-propriétaire du royal-allemand.

Les Rohan, branche forte et féconde, anciens souverains de la Bretagne, comptaient de nombreux rejetons : les Rohan-Chabot, Rochefort, Rohan-Rohan, les princes de Soubise, les Guéménée, les Montbazon, doux noms dans l'histoire. Tous se souvenaient de leur haute origine, et le roi Louis XV, si bon appréciateur de la noblesse, les avait dignement placés. Le prince de Soubise avait toute sa confiance comme son plus zélé serviteur[1]; il avait donné à l'abbé, depuis cardinal de Rohan, l'ambassade de Vienne, où il avait remplacé le comte de Breteuil : ambassade des plus remarquables. Le cardinal de Rohan avait pressenti l'alliance des trois cabinets de Pétersbourg, Berlin et Vienne pour le partage de la Pologne. De là un ressentiment profond de la cour d'Autriche contre le cardinal, élevé à l'archevêché de Strasbourg, sur le confin de l'Allemagne, comme pour continuer la surveillance diplomatique.

1. Le prince de Soubise était colonel des chevau-légers de la garde. Il avait fait de son hôtel (ancien hôtel de Guise) un véritable sanctuaire des arts. Ce sont aujourd'hui les Archives ; les communs de l'hôtel forment l'Imprimerie impériale.

2. Voyez mon *Louis XV* et mon livre sur *Marie-Thérèse*.

Les Rohan tenaient de leur sang princier de Bretagne, romanesque contrée, un esprit d'aventure et une prodigalité indéfinie ; immensément riches, ils jetaient leur fortune au vent des fantaisies ; le cardinal s'était ruiné dans son ambassade de Vienne pour dignement représenter la France ; le prince de Soubise, son cousin, dépensait son patrimoine avec les peintres, les sculpteurs, les architectes, les femmes de théâtre à qui il faisait bâtir des palais, tandis que le prince de Guéménée éparpillait des milliers de louis d'or au jeu, aux paris et à payer des pensions aux gentilshommes bretons, vassaux ruinés de la maison de Rohan qui le saluaient encore comme leur duc féodal.

Il existait une rivalité antique entre les deux maisons de Lorraine et de Bretagne : dans les guerres de la Ligue, tandis que les princes de Lorraine se mettaient à la tête des armées catholiques, les Rohan s'étaient faits chefs des huguenots. Le règne de Louis XIV avait suspendu, sans les éteindre, ces rivalités ; elles se retrouvaient à chaque pas dans les affaires de cour. La maison de Lorraine venait de hautement grandir par le mariage de Marie-Antoinette avec le Dauphin. A la mort de Louis XV, au contraire, le crédit des Rohan s'affaiblit, car ils n'avaient plus pour les représenter auprès du roi un fidèle ami le prince de Soubise. Dès lors on saisit toutes les occasions pour les compromettre, et ces pauvres têtes des Rohan devaient se perdre : le prince de Guéménée avait beaucoup emprunté sur ses biens en contrat de rente, environ dix-sept millions à 4 et 5 pour 100 ; le prince fut en retard d'un semestre. Bruit immense ! et les partisans de la maison de Lorraine dirent bien haut que le prince de Rohan-Guéménée allait faire banqueroute, expression commerciale sans application à des rentes foncières. Quand il y a contrat de rentes perpétuelles, le capital ne peut être réclamé : il ne fallait donc que chercher les moyens de payer un semestre des intérêts en retard, c'est-à-dire trouver 800000 livres. Laissons ici parler l'auteur spirituel des *Mémoires* de la marquise de Créqui [1] : « Comme au premier bruit de cette méchante affaire tous les Rohan s'étaient mis à boursiller dans l'intérêt de leur parent, ils n'avaient pas eu grand'peine à réunir seize cent mille livres, pour envoyer à l'hôtel de Soubise, où tous les quartiers de rentes échues avaient été payés. » C'était donc pour la maison de Rohan une bien petite affaire, mais on voulait perdre l'illustre famille.

1. Tomes V et VI des *Mémoires*.

Les ducs et pairs, la noblesse de robe longtemps humiliée par les grandeurs d'une race souveraine voulurent à tout prix la frapper au cœur.
Le Parlement posa ce principe, contraire au droit
romain et coutumier : « que le retard de payement dans une rente constituée, rendait le capital immédiament exigible. » Sans se décourager,
la princesse de Guéménée, avec un généreux dévouement, entreprit de tout payer : « M. le prince
de Condé, continue l'auteur des *Mémoires* de la
marquise de Créqui, dont la femme était Rohan-
Soubise, s'était empressé d'ouvrir ses coffres à
son beau-frère. La princesse vendit quatre millions une forêt qui ne lui rapportait que vingt-sept
mille livres de rentes : ce qui prouvait que tous
ses domaines étaient joliment administrés ! Elle
aliéna tous les biens qui lui venaient de sa
grand'mère Marie Sobieska ; elle vendit au roi
les droits régaliens qu'elle avait sur le port de
Lorient [1] : ce qui fut une affaire de neuf millions
cinq cent mille livres ; et quelques années après
il ne restait plus à *désintéresser*, comme il se dit
en style de tribunaux, que Mme de Coislin, à qui
l'on avait à rembourser le capital d'une rente viagère de vingt-quatre mille livres, et qu'on avait

---

1. Comme ancien souverain de la Bretagne.

mise à la queue des autres créanciers afin de se revenger de ce qu'elle avait crié trop injustement. Si l'animosité d'un ministre du roi, que je ne veux pas nommer, n'était pas venue compliquer les embarras de MM. Rohan, leur affaire se serait terminée sans leur avoir causé le moindre scandale, et voilà ce qu'il est convenu d'appeler *la banqueroute du prince de Guéménée.* » Le ministre dont parle l'auteur des *Mémoires* de la marquise de Créqui était le baron de Breteuil : la rivalité venait de l'ambassade de Vienne.

Bientôt éclata une autre grave affaire. Nous n'entrerons pas dans les détails si souvent répétés de la vente du brillant collier par les joalliers Bohëmer, au cardinal de Rohan et à l'intrigante Mme Lamotte ; il résulte des pièces du procès : 1° la parfaite innocence de la reine qui avait pu désirer acquérir la précieuse parure, mais qui ne se serait jamais abaissée à se servir de moyens mystérieux pour l'obtenir ; 2° le honteux mensonge de Mme Lamotte-Valois, exploitant l'avidité des frères Bohëmer, spéculateurs marchands, qui voyaient une bonne affaire ; 3° la crédulité ambitieuse du cardinal de Rohan, qui avait voulu regagner les bonnes volontés de la reine pour sa maison en pleine disgrâce.

Le véritable sens de l'affaire Lamotte une fois

défini, pourquoi tant de bruit? Ne valait-il pas
mieux payer le collier aux frères Bohëmer, qui
avaient à se reprocher une confiance aveugle
dans la vue d'un bénéfice considérable? Comment des commerçants sérieux livraient-ils un
collier de plus d'un million sans s'informer, eux
joailliers de la cour, si la reine avait réellement
commandé cet achat? Enfin était-il prudent
d'arrêter un cardinal en plein Versailles, de tra-
duire un grand aumônier de France devant
le Parlement, et de placer la reine en face de
Mme Lamotte : n'était-ce pas trop de scandales
à la fois [1]?

Le conseiller imprudent de cet éclat, le vrai
coupable, on ne saurait trop le répéter, fut le
comte de Breteuil, ministre secrétaire d'État, qui
s'était souvenu que le cardinal de Rohan l'avait
remplacé dans son ambassade à Vienne; il se
vengeait, et par un zèle extrême pour la reine, il
la compromit. Quoi? devant le Parlement de Paris
on allait examiner si la reine de France était

1. J'ai prouvé dans mon *Louis XVI* que le roi s'était laissé
aller à une de ses colères mal contenues. M. le comte d'Artois et la duchesse de Polignac étaient d'avis de traiter cette
affaire avec ménagement. On peut consulter les mémoires de
l'abbé Barruel, secrétaire du cardinal, très-bien renseigné,
et qui a tout rejeté sur le ressentiment du comte de Breteuil contre la maison de Rohan.

complice d'une basse intrigue suivie de rendez-vous secret avec une femme éhontée, pour le vil don d'un collier! Assurément les coupables seraient condamnés : on flétrirait Cagliostro, Mme Lamotte-Valois, conseillée par l'avocat Beugnot; mais c'était déjà une grande faute que de placer le nom de la reine dans cette malsaine intrigue.

On peut dire que de cette funeste poursuite date la décadence rapide du respect envers la reine; on osa la calomnier à l'aise, dès qu'on put mettre en présence le nom de Marie-Antoinette et celui de Lamotte-Valois; celle-ci eut des partisans qui crurent à son innocence; des pamphlets étrangers se prononcèrent pour la culpabilité de la reine de France; on la considéra comme le génie malfaisant de la monarchie [1], comme livrée à une petite cour secrète, et sous l'influence de la famille de Polignac, car la reine se laissait aller de plus en plus à sa vive tendresse pour l'amie de son cœur: plus elle avait de tristesse, plus elle avait besoin d'une âme tendre pour s'épancher.

---

1. Morande, qui avait écrit les odieux pamphlets contre la comtesse du Barry, en écrivit d'infâmes contre la reine. Beaumarchais fut envoyé à Londres pour acheter le silence de cet écrivain éhonté. L'Angleterre favorisait ces pamphlets.

Quand un coup de foudre avait perdu les Rohan, la princesse de Guéménée, avec sa dignité accoutumée, avait donné sa démission de gouvernante des enfants de France : il fallait la remplacer. Une première fois la reine avait désiré appeler à cette charge de confiance la duchesse de Polignac : le roi s'y était opposé. Depuis, le crédit de la duchesse avait grandi et la reine put satisfaire le vœu de son cœur. « Qui pouvait ou devait s'en fâcher, si ce n'étaient les princesses de Rohan, à qui l'on avait retiré ce grand office ? dit l'auteur des *Mémoires* de la marquise de Créqui. Mmes de Guéménée, de Brionne et de Marsan m'ont dit cent fois que la duchesse de Polignac s'occupait avec tant de sollicitude et s'acquittait si parfaitement bien de cette grande charge qu'on n'aurait pu faire un choix plus satisfaisant [1]. » Et cependant cette immense faveur suscita une nouvelle opposition ; quoique d'illustre origine, les Polignac ne pouvaient se comparer aux Rohan, et pour la dignité de gouvernante des enfants de France on choisissait toujours dans les rangs des familles princières. Quelle était donc la cause de cette faveur inouïe de la duchesse ? allait-on avoir une nouvelle maré-

---

1. *Mémoires de la marquise de Créqui.*

chale d'Ancre ? Ainsi murmuraient les courtisans jaloux, quelques-uns des princes de la famille royale et en tête Monsieur, comte de Provence, qui n'aimait pas la duchesse de Polignac. Si M. le comte d'Artois, bon et excellent cœur, secondait loyalement la reine; s'il comprenait sa douce amitié pour Gabrielle, il n'en était pas ainsi de Monsieur, l'ermite sérieux et littéraire de Brunoy. Lui-même n'était pas exempt de favoritisme; il avait choisi une dame de ses pensées, la comtesse de Balby, attachée à la maison de la comtesse de Provence, la châtelaine toute-puissante; Monsieur, entouré de beaux esprits libéraux, avait des prétentions même à la scène; on disait l'opéra de *Panurge* et des *Mystères d'Isis*, ses œuvres, et il le faisait croire en fredonnant sans cesse le grand air :

> Soyez sensible à nos peines,
> Rendez-nous, rendez-nous la liberté.

Il aimait les charades, les logogriphes, les allégories, souvent avec des allusions méchantes à cette cour de Trianon en rivalité avec le cercle littéraire de Brunoy.

Une autre inimitié plus profonde, plus dangereuse pour la reine et son amie, c'était celle du duc de Chartres, et il ne fallait pas jeter tous les

torts sur le prince. A l'origine du règne, M. le
duc de Chartres s'était lié d'une étroite amitié
avec le comte d'Artois : il était un des hôtes assidus de Trianon. Lors de la guerre d'Amérique,
comme il avait un juste droit à la survivance de
M. le duc de Penthièvre, grand amiral de France,
il désira faire campagne et il monta le vaisseau
de M. Lamothe-Piquet. Au combat d'Ouessant,
on prétendit qu'il n'avait pas montré un courage digne de sa maison ; le fait était démenti
par les officiers supérieurs de la marine : « Le
prince, disait-on, désobéissant aux signaux, s'était
éloigné de l'ennemi. » Il y avait une preuve évi-
dente du contraire ; le duc de Chartres ne commandait pas le vaisseau ; le capitaine, un des plus
braves officiers de la marine, n'aurait pas écouté
même un prince du sang pour désobéir au signal
de marcher à l'ennemi ; et malgré ces preuves
incontestées, une multitude d'épigrammes, de
calomnies[1] furent jetées au duc de Chartres, et la
source en était dans la petite société de Trianon.

M. le duc de Chartres en fut profondément
affecté. C'était un fort implacable adversaire
comme prince du sang ; il était maître d'une for-

---

1. Le roi sembla adopter ces calomnies, car au lieu de
donner la survivance de la grande amirauté au duc de Chartres, il lui conféra le titre de colonel général des houssards.

tune immense; lié avec toute l'opposition anglaise, il pouvait grouper autour de lui la noblesse sans principes, tout empreinte des opinions nouvelles. La reine s'était donc fait là un redoutable ennemi; comme elle traitait Mme de Lamballe la surintendante avec froideur pour lui préférer la duchesse de Polignac, la reine s'exposait à plus d'un reproche sévère et à des récriminations cruelles. La princesse de Lamballe était la belle-sœur du duc de Chartres, et le prince pouvait prendre sa cause en main contre celle qu'on appelait déjà la favorite.

Mais l'amitié tendre de la reine ne calculait plus; la duchesse de Polignac grandissait dans ses affections. Gouvernante des enfants de France, depuis la naissance du Dauphin, le roi avait assigné pour résidence à la duchesse le château de la Muette, à Passy, séjour de prédilection de la duchesse de Berri tant calomniée sous la Régence. La Muette était alors un des plus jolis parcs des environs de Paris, parsemé de jardins, de parterres, de bosquets, avec de belles pelouses bien appropriées aux petits jeux d'enfants[1]; la

1. La maison de la Muette, aujourd'hui, n'est qu'un fragment de l'ancien château de la duchesse de Berri, fille du régent. Ce château avait pour gouverneur le maréchal de Soubise.

duchesse de Polignac vint s'y installer fort modestement. Dès lors l'hôte assidu de la duchesse
fut la reine : n'était-il pas naturel que Marie-
Antoinette vînt embrasser ses enfants, beaux
comme des amours ? Elle oubliait pour ce tendre
devoir les lois de l'étiquette ; souvent elle se
hâtait de dîner à Versailles, ne mangeant que
du bout des lèvres, pour venir souper le soir sans
apprêts au château de la Muette avec son amie ;
elle y passait des journées entières avec un sans
façon qui s'affranchissait même de la toilette : à
la Muette, la reine était en simple déshabillé de
mousseline de l'Inde ou de linon ; un chapeau
de paille orné de fleurs naturelles abritait ses
beaux cheveux flottants ; elle berçait de ses blanches mains les deux enfants qu'elle endormait des
douces chansons du chevalier de Florian.

Le bois de Boulogne était devenu le lieu de la
promenade élégante ; le village de Passy était à
la mode : la résidence du financier la Popeli-
nière y avait réuni d'abord une compagnie facile.
Quand Franklin vint l'habiter, son séjour attira
les savants, les philosophes, appelés par ses
expériences sur l'électricité. Ce qui donna une
célébrité à Passy, ce fut lorsque MM. Montgolfier
et Pilatre de Rozier annoncèrent qu'ils s'enlè-
veraient dans les airs à l'aide d'un ballon. La fin

du dix-huitième siècle sous l'impulsion de Louis XV avait été une époque d'expériences dans les études de physique et de chimie; on avait essayé la puissance du gaz et de la vapeur. Dès que Montgolfier annonça les merveilles de son ballon, la duchesse de Polignac offrit pour cette expérience la vaste pelouse du château de la Muette, placée sur un point élevé, et la reine s'empressa de présider à cette fête de la science. Une gravure contemporaine [1] en a conservé le souvenir : le balcon du pavillon de la Muette est occupé par le roi et la reine; les enfants de France sont sous la garde attentive de la duchesse de Polignac: la foule inonde le parterre des jardins ; on aperçoit des milliers de têtes aux gracieux costumes du temps, aux vives et belles couleurs sous des ombrelles rouges. Au milieu est un espace où se prépare et s'élève le ballon aux applaudissements de la foule enivrée. A la suite de cette expérience, le roi Louis XVI combla Montgolfier de faveurs et la reine le fit asseoir à ses côtés dans le souper chez la duchesse de Polignac.

A la Muette, Marie-Antoinette, toute pleine du souvenir des rondes et des valses allemandes de Schœnbrun et du Prater sur le Danube, eut

1. Collection de la Bibliothèque impériale.

bientôt son bal champêtre; du haut de son balcon elle avait aperçu des groupes sautillants
qui folâtraient dans la prairie. L'entrepreneur
de ce bal vint demander la permission à la reine
de le rendre quotidien; la reine l'accorda en souriant; il prit le nom de Ranelagh, qui rappelait
la fondation d'un bal semblable en Angleterre
par un lord d'Irlande de ce nom[1]. Plusieurs
fois la reine et la duchesse gouvernante vinrent
au Ranelagh qu'avait choisi comme un but de
promenade la bourgeoisie de Paris et où les plus
jolies filles venaient danser le soir avec un entrain ravissant.

De sa *folie Bagatelle*, le comte d'Artois arrivait
souvent pour visiter la reine et la duchesse de
Polignac; de là on faisait partie d'aller danser
au Ranelagh, les plus élégants gentilshommes se
mêlaient aux menuets, à la fricassée, qu'animait
un orchestre de campagne parfaitement conduit
par Francœur, le maître de musique de la
chambre du roi; les anciennes rondes composées
par Mme de Pompadour étaient dansées d'une
manière ravissante et folle; pouvait-on repro-

1. Le privilége du Ranelagh avait été accordé par le maréchal de Soubise à un garde de la porte du bois, nommé
Moriseau. Le Parlement annula la concession, mais la reine
la maintint par les ordres du roi (1775 1776).

cher à de jeunes femmes d'aimer les plaisirs
riants de la campagne et ces visages sans soucis,
ces bonnes joues joufflues sans rouge, sans
blanc, sans mouches.

IX

LES DERNIERS POËTES DE L'ANCIEN RÉGIME. — LES

THÉATRES. — LA MUSIQUE ET LES ARTS.

(1786-1785.)

IX

La société ainsi doucement s'oubliait au son des madrigaux et des chansons voluptueuses ; les poëtes chantaient les roses, les tourterelles et l'amour.

> De vos yeux, Idamée, le succès est rapide,
> Mais vous avez d'amants un essaim trop nombreux ;
> L'amour est un enfant que la foule intimide,
> Il lui faut des témoins, mais il n'en veut que deux.

Ainsi parlait Dorat ; le chevalier de Boufflers écrivait le joli conte d'Aline, bergère des champs devenue reine de Golconde, dans le pays merveilleux des diamants et des perles. La cour raffolait des poésies du chevalier de Boufflers, gracieusement licencieuses, esprit qui allait si bien à la jeune génération conduite par le comte d'Artois, un peu tête à l'envers, comme le disait Louis XVI. A Trianon on récitait les petits contes de Boufflers, presque toujours adressés à sa mère, si indulgente pour les amours et toute-puissante à la cour de Stanislas de Lorraine.

On approchait d'une révolution sociale et l'on s'enivrait dans la coupe d'Anacréon ; deux jeunes créoles, Bertin et Parni, écrivaient des poésies aussi nues que les peintures des *sacrifices à l'amour* de Pompeia. Éléonore était l'âme de Parni ; il la voyait partout comme Catulle cherchait Lesbie ; les sons de sa lyre étaient harmonieux mais tristes, le ver rongeur était au calice de la rose. Les poëmes de Parni n'avaient pas ce caractère d'amour rieur que Lafare, Chaulieu et Gentil-Bernard avaient emprunté à l'esprit de la Régence.

Une nouvelle école devenait à la mode ; les poëtes, sous Louis XV, aimaient les champs, les décrivaient quelquefois avec des couleurs vives et suaves, mais ils ne se faisaient pas jardiniers : ce qu'on appela la poésie descriptive inaugurée par Saint-Lambert[1] descendait à tous

---

1. Saint-Lambert, le rival heureux de Voltaire auprès de Mme du Châtelet, tomba presque dans l'enfance. Voyez mon livre sur *la Comtesse du Barry.*

les détails de l'agriculture ; et dans cette voie un jeune abbé, du nom de Delille, gagnait une grande renommée en traduisant les *Géorgiques* de Virgile en vers français. Ce genre nouveau, peu attrayant, s'était popularisé par les écrits des économistes, qui avaient besoin de poëtes égrenant les épis et tondant les moutons : la poésie comme tous les arts se ressent de l'esprit de son temps.

Alors Marmontel écrivait *Bélisaire* avec la prétention de donner des leçons aux rois, comme Fénelon sous Louis XIV. Si Crébillon avait été spirituel dans ses contes osés, Marmontel parsemait de maximes philosophiques ses paysanneries, décorées du nom de *Contes moraux*. Florian doucement chantait son idylle d'Estelle et de Némorin au milieu des brebis enrubanées. Tendre nature que celle de Florian ! le brave gentilhomme, officier de dragons, se retrouvait toujours dans ses belliqueuses romances de *Gonzalve de Cordoue*. Ce qui distinguait Florian, c'était son amour de la France et de ses héros, nobles sentiments qui élevaient sa belle nature.

> Gaston, le sort de la patrie
> Est réservé à votre valeur :
> Pensez à votre douce amie
> En entrant dans le champ d'honneur.

L'amour des champs se reflétait jusque dans les modes, et les chapeaux de femmes ressemblaient à des corbeilles de fleurs. Les plus jolis visages s'abritaient sous des coiffures extravagantes, fouillis de fruits et de petits oiseaux becquetant. Trianon, Sceaux, Penthièvre, Bagatelle, Bagnolet étaient les discrets chalets de ces sentimentalités, tandis que la société insouciante et rieuse chantait avec Latteignant :

> Petite table réveille
> Les élus qui sont admis :
> On est près de la bouteille,
> On est près de ses amis.

L'abbé de Latteignant avait vécu heureux comme Horace dans sa petite maison des champs ; il avait cherché le bonheur dans l'insouciance de la vie et de la mort ; et sa riante philosophie ne s'effrayait pas des glaces de l'âge.

> J'aurais bientôt quatre-vingts ans :
> Je crois à cet âge il est temps
> De dédaigner la vie ;
> Aussi je la perdrais sans regret,
> Et je ferai gaiement mon paquet :
> Adieu la compagnie.
> Lorsque d'ici je partirai,
> Je ne sais pas trop où j'irai.
> Mais en Dieu je me fie,
> Il ne peut que me mener bien ;

Aussi je n'appréhende rien :
Bonsoir la compagnie[1].

Ces vers étaient adressés par Latteignant à son ami Collé, le successeur de Favard dans les gracieuses compositions de théâtre. Collé le poëte familier, spirituel, l'auteur de *la Partie de chasse de Henri IV*.

Est-ce Anacréon, est-ce Horace
Qui chantait ces vers pleins de grâce
Dans son printemps ?

Il parut alors au théâtre une multitude de jolis opéras-comiques, vaudevilles animés, colorés par la musique de Monsigny, Dalayrac, Grétry. Monsigny, le délicieux auteur de *Rose et Colas,* du *Déserteur,* de *la Belle Arsène.* Dalayrac était garde du corps du comte d'Artois. S. A. R. protectrice des lettres et des arts venait d'acheter la savante et précieuse bibliothèque de MM. de Paulmy à l'Arsenal ; elle faisait imprimer à ses frais les jolies éditions de Didot, d'un prix inestimable[2].

---

1. L'abbé de Latteignant mourut en chrétien. Il s'était retiré chez les frères de la doctrine. 1779.

2. La jolie collection, dite du *comte d'Artois,* est devenue très rare. Je m'étonne et je m'afflige que la bibliothèque de l'Arsenal n'ait gardé comme souvenir un buste du prince qui la sauva et l'embellit.

Nul succès comparable à celui de *Nina* ou *la Folle par amour* de Dalayrac, et à la première représentation où la reine et la duchesse de Polignac assistaient des larmes inondèrent tous les visages. Grétry, enfant de chœur de la chapelle de Liége, avait déjà donné *la Fausse magie*, *Zémire et Azor*, *l'Amant jaloux*, partitions populaires qui préparaient ses grandes œuvres : Grétry fut le protégé de Trianon. Dans cet innocent triomphe de l'opéra-comique et du vaudeville une vive et sérieuse querelle s'engagea, où la reine prit sa grande part : Gluck appelé en France, par Marie-Antoinette, son élève, avait étonné Paris par les opéras d'*Iphigénie* et d'*Orphée*, musique magistrale comme l'Allemagne sait en produire; et au milieu de ces succcès le maestro Nicolo Piccini mit en répétition son *Orlando* (·Roland). Une vive opposition s'était élevée contre l'audacieuse tentative de Piccini, lorsque pour faire cesser toute injustice la reine, divine médiatrice, qui avait fait de Mozart son maître de chapelle, prit Piccini pour son accompagnateur. Piccini devint l'hôte aimé de Trianon ; on entendait les doux accords du clavecin de la reine, de la harpe harmonieuse de la duchesse de Polignac et du piano de Piccini.

Cette querelle d'artistes que la reine avait

voulu apaiser devint une lutte au théâtre, violente, effervescente comme au bas empire. Le
parterre ressemblait à une mer houleuse, ainsi
que les factions vertes et bleues [1] des hippodromes : on se livrait de véritables combats ; on
ne parla plus de l'attrayante musique française ;
les uns furent pour les récitatifs majestueux
d'*Alceste*, d'*Iphigénie* et d'*Orphée* ; les autres
pour Piccini et ses fioritures napolitaines. On
aurait oublié Monsigny, Dalayrac et Grétry si le
comte d'Artois n'avait ouvertement applaudi aux
charmants motifs de la musique française : le
prince était le bon génie du théâtre, de l'opéra,
de la comédie. Il n'y avait que trois grandes
scènes à Paris : l'Académie royale de musique,
tout près des Tuileries, à la rue Saint-Nicaise ;
la Comédie française, voisine du Luxembourg
et de l'ancien hôtel de Condé ; les Italiens (Opéra-
Comique). L'Opéra avec ses priviléges écrits par
Louis XIV, comptait parmi ses artistes chan-
tants Larrivée, Lainé, Gelin ; Mlles Arnould,
Beaumesnil, Laguerre, Gavaudan, Mallet : les
adorées des grands seigneurs et des financiers.
Mlle Laguerre avait un magnifique hôtel rue de

---

1. Tous les journaux du temps sont remplis du bruit de
ces querelles. Grimm leur a consacré plus de cent pages
dans sa *Correspondance*.

Bondy; Mlle Arnould, célèbre par son esprit libre et ses paroles licencieuses, habitait les nouveaux boulevards[1].

La danse et les ballets tant en faveur avaient placé les dieux et les déesses de son Olympe sous la direction de Noverre, le plus ingénieux des maîtres. Le ballet comptait Gardel et d'Auberval; parmi les nymphes, on célébrait Mlle Guimard, la reine du bel hôtel de la Chaussée-d'Antin, temple de Terpsichore, que lui avait élevé le généreux prince de Soubise[2]. Toute la cour parlait de la petite Cécile que le comte d'Artois protégeait de son caprice, et bien souvent la souveraine des soupers de Bagatelle. A ce temps de légèreté et d'insouciance une jolie danseuse voyait princes, diplomates et vingt fermiers généraux à ses pieds; les journaux sont pleins de mots, d'anecdotes sur les artistes de l'Opéra, sur leur fortune inouïe, sur leur élégance, leur luxe et leur beauté et quelquefois sur leur insolence.

La Comédie française, destinée surtout à la bourgeoisie, comptait des interprètes dont la renommée est restée comme une tradition; en tête, le

1. L'habitation favorite des artistes était alors la rue d'Argenteuil.
2. Cet hôtel n'a été démoli que tout récemment pour la construction du nouvel Opéra.

tragique Lekain, tant exalté par Voltaire (le prince de Condé lui avait donné la jouissance de l'hôtel de ses communs, rue de Vaugirard), Bellecour, Brizard, Molé, Dauberval, Monvel, Dugazon, depuis chefs de clubs révolutionnaires[1], le jeune la Rive, le gros Desessarts; parmi les femmes, Mlles Contat, Lelièvre, Bellecour, antiques noms de la troupe de Molière; Mlle Vestris Sainval, spirituelle comédienne qui avait brillé dans *le Barbier de Séville*, dans *le Célibataire*, dans *les Fausses infidélités* de Barthe ou *la Vengeance imprévue* de Sedaine, dans le *Gaston et Bayard* de du Belloy, et dans le *Hamlet* de Skakspeare, traduit par Ducis, genre nouveau, spécialement protégé par M. le comte de Provence : Ducis était son commensal le plus assidu et son secrétaire des commandements.

La comédie italienne, qui réunissait le double genre des vieilles farces de Bologne et de Naples, et de l'opéra-comique français, avait parmi ses artistes : Carlino Bertinazzi (Arlequin), Colato (Pantalon), Morel, Leclerc, Desbrosse, Bigotini; Mlles Orvalo, Dugazon, Beaupré, ingénieux interprètes des pièces de Favart, Sedaine et Collé; la comédie italienne avait joué *l'Ami de la*

1. On peut voir dans mon livre sur *les Déesses de la liberté*, le rôle ridiculement odieux de Dugazon et de Monvel.

maison, de Marmontel, musique de Grétry, *les Amours de quinze ans*, de Laujon, *la Belle Arsène*, de Favart, musique de Monsigny, *le Déserteur*, de Sedaine. La comtesse du Barry avait donné une certaine vogue à la comédie italienne ; le dialogue gracieux, spirituel allait bien à la société française si gaie, si aimable de la fin du règne de Louis XV.

Un grand bruit se faisait à la Comédie française autour d'une pièce que Beaumarchais venait de présenter sous ce titre : *le Mariage de Figaro*[1] : deux ans retenue par la censure, elle avait été soumise au roi, qui avec son bon sens pratique avait jugé qu'à travers ce tourbillon d'esprit scintillant, la cour, la société tout entière étaient attaquées. Le comte Almaviva était l'expression de la puissance raillée ; Figaro, l'intrigue triomphante ; le petit page, l'amant naïf, la rose qui s'ouvrait pour la belle souveraine nécessairement adultère ; Suzanne, une charmante camérière sur la pente de toutes les faiblesses, qui commentait avec tous les frémissements de la passion contenue la romance de Chérubin ; la justice était bafouée dans Bridoison, la reli-

---

1. La correspondance de Grimm entre dans de plus grands détails sur *le Mariage de Figaro* et les intrigues de Beaumarchais.

gion dans Bazile ; le monologue de Figaro attaquait toutes les institutions monarchiques. Enfin
dans le vaudeville final on trouvait ce couplet
insolent:

> De vingt rois que l'on encense le trépas brise l'autel,
> Et Voltaire est immortel....

A juste raison, le roi s'opposait à la représentation du *Mariage de Figaro* ; mais Beaumarchais
avait pour lui la société de Trianon, le comte
d'Artois, la reine, la duchesse de Polignac,
MM. d'Adhémar et de Vaudreuil et cette cour
jeune et légère ne voyait que la joie, la gaieté,
l'élégance dans la forme et l'esprit amusant du
dialogue. Ce fut la reine elle-même qui obtint
de M. de Breteuil l'autorisation pour la mise en
scène du *Mariage de Figaro*. Louis XVI ne céda
qu'après les plus vives instances.

Quelle fête de théâtre que cette première représentation! Les galeries étaient inondées de
courtisans qui allaient applaudir à leur spirituelle dégradation; M. le comte de Provence y etait
en loge découverte ; la reine, le comte d'Artois
vinrent aussi se mêler à la foule pour écouter
tout cet esprit, et les mains effilées des duchesses,
des marquises applaudirent aux railleries jetées
contre les rois et à l'apothéose de Voltaire. Un

gouvernement peut permettre quelquefois une œuvre légère et galante, lorsque les mœurs de la société l'y entraînent; mais ce qu'il ne peut et ne doit jamais souffrir, c'est qu'on l'insulte et qu'on le raille à sa face. Ce fut en effet une étrange époque: les gentilshommes les mieux titrés donnaient l'exemple de ce mépris de l'autorité; et la marquise de Boufflers[1], si grandement née, écrivait ces vers hardis sur la mort de Voltaire:

> Celui que dans Athènes eût adoré la Grèce,
> Que dans Rome, à sa table, Auguste eût fait asseoir,
> Nos Césars d'aujourd'hui n'ont pas voulu le voir,
> Et Monsieur de Beaumont lui refuse une messe.
> Oui, vous avez raison, Messieurs de Saint-Sulpice,
> Et pourquoi l'enterrer, n'est-il pas immortel?
> A ce divin génie on peut sans injustice
> Refuser un tombeau, mais non pas un autel.

Ainsi écrivait une des plus aristocratiques marquises: Mme de Boufflers insultait à la fois la religion et la royauté. Il était de bon goût de se montrer philosophe, exempt de tout préjugé.

---

1. La marquise de Boufflers était née de Beauvau-Craon; elle fut l'amie du roi Stanislas, et Voltaire avait fait des vers charmants pour elle:

> Vos yeux sont beaux, votre âme encore plus belle,
> Et sans prétendre à rien vous triomphez de tout.
> Si vous eussiez vécu au temps de Gabrielle,
> Je ne sais pas ce qu'on eût dit de vous,
> Mais on n'aurait pas parlé d'elle.

On marchait à une révolution sérieuse dans les idées et même dans les arts. La ravissante école de Watteau et de Boucher n'avait plus aucun prix aux yeux d'un monde qui s'habituait par le théâtre et la tragédie surtout aux mœurs d'Athènes, de Sparte et de Rome : Fragonard fut le dernier reflet de cette génération d'artistes pleins de joie dans les idées champêtres. Fragonard se ressent de Florian, un peu de Rousseau ; s'il n'avait pas dessiné ses corbeilles de fleurs inimitables, ses bouquets de rose pompons (Pompadour), il serait complétement oublié. Dans ses compositions sentimentales, Greuze devenait l'expression de la nouvelle société, façonnée aux drames de la Chaussée et de Diderot. Le pinceau de Greuse semblait s'être épuisé dans la *Cruche cassée :* ses personnages, à la fois joufflus et larmoyants, formaient une famille monotone toujours la même depuis l'*Accordée de village* jusqu'à la *Malédiction paternelle;* Greuze ne devait avoir qu'un temps.

L'école qui prit alors la supériorité avec les idées triomphantes de la Grèce et de Rome fut celle de Vien, qu'on appela le restaurateur de l'école française : singulier titre d'honneur pour l'artiste qui dédaigna la véritable peinture nationale! Sans doute, les lignes antiques sont belles,

le nu grec a sa magnificence, la Minerve d'A-
thènes brille sur le Parthénon, et la Vénus de
Milo règne parmi les déesses de l'Olympe; mais
Vien et après lui David, son élève, s'éprirent de
l'antique, sans reproduire la beauté des modèles.
Le *Bélisaire* de David, gauche et théâtral, res-
semble à un pifférario des rues de Rome; le *Serment des Horaces* est d'une nudité grossière, qui
n'a pas été prise sur l'antique, mais sur quelques
Transtevérins dégénérés. Louis XVI, qui avait
commandé à David le *Serment des Horaces*, lui
donna le sujet de son *Brutus*. Pauvre royauté
qui n'avait les mains ouvertes que pour les
œuvres républicaines!

Ces grands signes du temps n'inquiétaient que
médiocrement cette société enivrée; ce fut l'époque des plaisirs de Trianon. En 1784, le petit
château avait été entièrement transformé par
l'architecte Mique. A l'entrée était le temple de
l'Amour, rotonde à colonnade en plein vent; le
petit dieu à la manière antique se façonnait un
arc dans la massue d'Hercule. Après venait le lac,
imitation du Léman, avec un petit hameau, composé de chalets aux escaliers de bois, le moulin
agreste, la maison de la laitière, du bailli, du curé,
puis des pelouses vertes, des grottes naturelles
comme à Vevey, les allées ombrées, favorables à

la rêverie et aux tendres aveux. Dans ce jardin, d'une nature facile, chacun avait sa liberté : la reine souvent se déguisait en laitière de Marmontel, et la duchesse Yolande de Polignac s'amusait à traire les vaches, à pêcher les truites du lac; elle distribuait elle-même de ses blanches mains des tasses de lait chaud, véritable pastorale de Gesner.

Si ces enfantillages du sentiment avaient assurément leur innocence, ils créaient une sorte de familiarité qui ne permettait plus la loi du respect. Ce fut encore par un plus grand oubli de sa dignité que la reine, éprise de représentations scéniques, voulut jouer elle-même sur le petit théâtre de Trianon; elle appela pour diriger les répétitions deux comédiens de talent : Caillot pour l'opéra-comique, et Dazincourt pour la comédie. Il existe encore quelques rares exemplaires des programmes sur papier de soie, orné d'arabesques; on devait jouer *la Gageure imprévue :* Marie-Antoinette remplissait le rôle de Gallé ; la chanoinesse Diane de Polignac, celui de Mme Clairville ; Madame Élisabeth, la jeune fille ; le comte d'Artois et le comte de Vaudreuil avaient choisi le rôle du gentilhomme et du père noble. On représenta ainsi successivement *le Devin de village, la Chercheuse d'esprit, le Roi et le fermier, Rose et*

Colas, le Sorcier, l'Anglais à Bordeaux, et enfin *le Barbier de Séville;* la reine disait avec beaucoup d'esprit le rôle de Rosine. C'était charmant, gracieux; mais que devenait la majesté royale se donnant en spectacle sur la scène? on pouvait encore aimer, adorer la reine, mais on ne lui accordait plus ce respect profond qui crée le prestige de la royauté sur le peuple.

Versailles, Marly étaient délaissés, comme la vieille image des autres temps. Les princes de la famille royale n'y venaient plus que par étiquette; tous avaient choisi leur petite maison des champs; Monsieur menait à Brunoy la vie d'un gentilhomme campagnard, tandis que la comtesse sa femme achetait un petit jardin avec un simple pavillon à Montreuil, au milieu des fruits et des fleurs. Le comte d'Artois s'enfermait dans Bagatelle; Mesdames, tantes du roi, à Bellevue, dans une douce et simple retraite; M. le duc d'Orléans passait sa vie au Raincy. Ainsi, avant que la populace vînt chercher audacieusement Louis XVI et la reine à Versailles, la famille royale avait moralement délaissé le majestueux palais de Louis XIV.

X

LE DÉFICIT. — LA REINE ET SAINT-CLOUD.

MM. NECKER, DE CALONNE. — LES NOTABLES.

(1780-1787.)

X

LE DÉFICIT. — LA REINE ET SAINT-CLOUD. — MM. NECKER,

DE CALONNE. — LES NOTABLES.

(1780-1787.)

Aujourd'hui que les idées de crédit sont comprises et pratiquées sur une grande échelle, la certitude d'un déficit n'a jamais effrayé ni même étonné un gouvernement; il le constate, il le comble facilement par l'emprunt et l'impôt. Il n'en était pas ainsi au milieu des ressorts compliqués et des habitudes timides des anciennes monarchies : un déficit créait des périls par la multiplicité des obstacles. Il avait fallu toute l'habileté de l'abbé Terray, la fermeté de son système d'économie, le concours des fermiers généraux pour arriver à une situation liquidée. Quand Louis XV mourut il ne laissait pas d'arriéré[1]. Louis XVI prenait l'Etat presque sans dettes.

Ce qui créa le déficit, ce ne furent pas quelques dons particuliers, quelques largesses personnelles du roi à son avénement; la cause sérieuse fut la guerre maritime glorieusement accomplie contre l'Angleterre, et l'émancipation des colons d'Amérique, résultat magnifique tout en l'honneur de la France[2]. M. Necker, alors à la tête des finances, avait satisfait à toutes les nécessités au moyen d'emprunts réguliers faits à Gênes, Bâle, à Francfort ou en Hollande. Donc, s'il y avait déficit, c'était l'administration de M. Necker qui l'avait créé dans un but d'utilité publique; s'il avait eu la main trop large, la responsabilité devait lui en revenir. Mais M. Necker était soutenu par le parti à la mode; il s'entourait d'économistes et de philosophes. Mme Necker avait été l'âme d'une souscription pour élever une statue à Voltaire[3], le dieu

---

1. J'en ai donné les preuves dans mon *Louis XV*.

2. Aujourd'hui, à la suite des guerres, des emprunts ont été votés plus considérables et sans observation.

3. Voltaire, en réponse, lui avait adressé ces jolis vers :

> Quelle étrange idée est venue
> Dans votre esprit sage éclairé.
> Que vos bontés sont égarées,
> Et que votre peine est perdue ;

du jour. Les mille voix de la renommée retentis-
saient de son nom!... D'après les anciennes coutumes de la monarchie, le contrôleur des finances n'avait pas l'entrée au conseil. M. Necker
l'exigea, et, sur le refus du roi, il donna sa démission, laissant une situation fort lourde et de
difficiles problèmes financiers à résoudre [1].

La popularité grandit tout ce qu'elle touche.
On croyait voir en M. Necker le restaurateur
des finances, et son salon devint l'espérance et le
foyer de l'opposition. Quand on lit le *factum*,
alors si célèbre sous le titre de *Compte rendu*, on
ne s'explique pas l'enthousiasme qui salua ce
livre, prétentieusement écrit et très-vide. Aujourd'hui, le simple exposé d'une grande opéra-
tion de banque est bien supérieur à ce fatras
déclamatoire. Mais M. Necker avait pour lui les
banquiers étrangers, les Genevois, les Balois.
On imprima le *Compte rendu;* on le jeta par milliers. Mlle Necker (depuis Mme de Staël) avoue
qu'elle s'était éprise amoureusement de son
père en copiant ce livre! Enthousiasme un peu

> A moi, chétif, une statue!
> Je serai d'orgueil enivré.
> L'ami Jean-Jacques a déclaré
> Que c'est à lui qu'elle est due.

1. C'est ainsi M. Necker qui avait créé le déficit.

étrange : s'éprendre de chiffres et de comptes courants !

Après quelques choix intermédiaires, Louis XVI appela au contrôle des finances le comte de Calonne, administrateur brillant sorti du corps des intendances, si remarquable alors. M. de Calonne, quand il fut appelé à la direction du Trésor, ouvrit les mains larges pour accomplir les améliorations les plus nouvelles, sans trop s'arrêter aux ressources. Il visait à l'éclat, à la grandeur des œuvres. Il croyait que la France pouvait supporter les dépenses quand elles étaient bien employées ; il ne refusait jamais des améliorations dans les travaux publics : routes, canaux, compagnies des Indes ; tout lui semblait possible avec le concours du crédit. Louis XVI avait longtemps désiré le château et la forêt de Rambouillet, apanage du duc de Penthièvre ; le comte de Calonne lui fournit les moyens de l'acheter dans le nouveau bail des fermes générales. Depuis longtemps aussi la reine voulait acquérir Saint-Cloud, alors à la maison d'Orléans ; elle y employa sa dot [1] et les dons personnels du roi. Saint-Cloud fut embelli avec le luxe élégant qu'on

1. Un million de florins déposés au Trésor. Les archiduchesses reçoivent des dots en argent et renoncent à tous leurs droits.

appelle aujourd'hui l'époque Louis XVI. Toute la partie haute du parc fut dessinée par la reine et exécutée sur ses plans. Les appartements furent distribués avec un goût exquis. Marie-Antoinette adorait tout ce qui était resserré, mignard, coquet. Elle prit Saint-Cloud en grande affection; elle aimait sa foire populaire; elle s'y promenait avec Mme de Polignac et les enfants de France, rieurs et bons, qui distribuaient des joujoux aux petits garçons et aux petites filles.

M. de Calonne avait apporté de son intendance une excellente opinion de l'esprit des provinces. Dans un long mémoire présenté au roi, il exposa qu'on pourrait y trouver une réunion de notables sages et modérés disposés à loyalement chercher les moyens, au reste très-faciles, d'équilibrer les recettes et les dépenses par l'impôt, les prêts volontaires ou les emprunts; seulement, M. de Calonne ne s'était pas aperçu du changement des âmes. Si la bourgeoisie, le haut commerce, le peuple lui-même étaient restés fidèles au principe monarchique, il n'en était pas ainsi de la noblesse dans ses plus hauts rangs. Tout empreinte de l'esprit nouveau, elle appelait des changements : une partie de cette noblesse, sous l'impulsion de MM. de Larochefoucauld, de Montmorency, Beauharnais, Noailles,

Lafayette, Rochambeau, marchait avec les idées américaines d'égalité et même de république. Une autre fraction de cette noblesse aspirait à la constitution anglaise, à une chambre des lords et des communes avec des ministres responsables; et dans cette dernière opinion il s'était formé un parti tout dévoué à M. le duc de Chartres. Sérieusement ce parti croyait qu'une telle modification dans la constitution française ne pourrait s'accomplir qu'avec un changement de dynastie, une nouvelle révolution de 1688 qui appellerait la branche cadette sur le trône [1].

M. le duc de Chartres, depuis duc d'Orléans, laissait marcher ces idées avec précaution et timidité. Son cœur était ulcéré contre la cour; la reine et Mme de Polignac, la société de Trianon ne l'avaient point épargné dans leurs calomnies; le prince ne l'oubliait pas. A cette époque on pouvait beaucoup oser; il est des temps où tout est pouvoir, excepté le pouvoir légal, et Monsieur, comte de Provence, d'abord très-circonspect, montrait alors de la hardiesse : sûr de l'impunité, il déclamait hautement contre M. de

---

1. La présidence des bureaux des notables fut donnée à Monsieur, comte de Provence, au comte d'Artois, au duc de Chartres, au prince de Condé. Tous ces bureaux reçurent des surnoms et on les chansonnait.

Calonne, et surtout contre le déficit : ce mot était devenu magique. L'opposition s'empare toujours avec habileté d'une expression qui devient un drapeau ! Désormais on ne parla que du déficit, mot dont le sens n'était pas bien défini. Monsieur, comte de Provence, fort amateur de logogriphes et de symboles, dessina de sa main un monstre avec cette légende : *Description historique d'un monstre symbolique pris vivant sur les bords du lac Fagna, près Santa-Fé, par les soins de Francisco-Xaviero de Menuris (Monsieur).* Comme on répandait parmi le peuple l'opinion que la prodigalité de la petite cour de Trianon était la cause première du déficit, on crut que ce symbole d'un monstre vorace représentait la reine, et la favorite la duchesse de Polignac. Monsieur fut ivre de joie du succès de ses espiègleries spirituellement dangereuses [1].

Ce fut sous l'influence de ces idées d'opposition que les notables se réunirent à Versailles, assemblée honorablement composée avec le désir d'apporter secours à la monarchie. Toutefois les notables restèrent sous les préventions qu'on avait jetées dans la haute société ; il se fit de l'op-

---

1. On trouve encore quelques rares exemplaires de cette caricature hiéroglyphique (Biblioth. imp., collection des estampes).

position dans tous les bureaux ; le vent qui souf-
flait n'était pas favorable à l'esprit d'ordre et de
conciliation ; on s'occupa moins d'affaires que de
politique ; les passions étaient trop vives[1]. On fit
prévaloir dans les bureaux l'opinion que les notables n'étaient pas suffisamment autorisés pour
voter l'emprunt et l'impôt, et que le seul parti
à prendre était la convocation des états généraux élus régulièrement par bailliage, et seuls organes légitimes de la nation. La fraction du haut
clergé qui s'était faite philosophe sous l'influence
du cardinal de Brienne partagea les opinions de
la noblesse ; possesseur de bénéfices immenses,
dont le revenu était de cent cinquante millions,
le clergé de cour le dépensait fastueusement
au mépris des lois de l'Église. Rien de plus légitime assurément que l'origine des biens du
clergé : ils provenaient des fondations libres et
pieuses. Mais depuis le concordat de François Ier,
le roi s'était réservé la collation des bénéfices,
c'est-à-dire le droit d'en disposer : de là les
grands abus ; les prélats et les abbés de cour
étaient devenus le scandale de l'Église morale et
sévère. Depuis le milieu du dix-huitième siècle,
il y avait aussi une tendance à séculariser les

1. M. de Lafayette fit quelques discours ou dénonciations
ambiguës, selon son usage, à l'Assemblée des notables.

ordres religieux ; quelques-uns, tels que les gé-
novéfains, demandaient à quitter l'habit de
moine ; les petits abbés pouvaient être coquets,
pimpants, mais ce n'étaient plus des prêtres selon
Dieu et le devoir.

Les plus avancés dans l'œuvre, les oratoriens
chargés de l'éducation publique depuis l'expul-
sion des jésuites, avaient élevé les générations
nouvelles dans les idées classiques de Rome et
de la république [1]. Si l'on étudie la vie des ora-
teurs les plus démocratiques de la Révolution,
Camille Desmoulins, Danton, Robespierre lui-
même, étaient tous élèves des ordres religieux
fortement classiques, prix d'honneur des colléges ; ils parlaient le latin avec autant de facilité
que le français, et les citations de Tacite, de Ju-
vénal, de Cicéron abondaient dans leurs discours. A cette génération se mêlait une certaine
masse d'avocats sans cause, d'écrivains sans renommée, qui cherchaient à prendre position au
milieu des troubles publics.

Dans les provinces la noblesse comptait une
quantité de gentilshommes sans fortune, jaloux
des dignités de cour : quand ils n'étaient pas
assez braves pour servir dans les régiments du

---

1. Un grand nombre d'oratoriens prirent part à la Révolution : MM. Daunou, Fouché, etc.

roi, ils cherchaient à briller par la parole : ainsi le comte de Mirabeau, le fils de l'économiste (*l'ami des hommes*), aurait pu demander une épée, il préféra une plume, et avec cette plume il se mit à démolir la société. C'est à en rougir pour l'honneur et la vertu, de voir la hauteur où l'on a placé le comte de Mirabeau : qui peut lire encore ses harangues boursouflées, prononcées dans un accent demi-provençal? et pourtant l'influence de Mirabeau devint immense dans ces temps agités. Il s'était formé dans chaque province un violent noyau d'opposition : partout se préparait une révolution secondée par la noblesse; les notables en subirent l'influence; ils se séparèrent sans avoir rien arrêté, et le plan de M. de Calonne fut repoussé comme une fantaisie de l'esprit.

Rien de plus rationnel et en même temps de plus ingénieux que ce plan financier, qui rentrait tout à fait dans les idées du crédit moderne. La guerre d'Amérique avait nécessité des emprunts réalisés par M. de Necker; l'administration fastueuse de M. de Calonne y avait ajouté quelques centaines de millions pour les travaux publics. Le total des emprunts ne s'élevait pas au delà de 1 500 000 000, dont l'intérêt annuel était de 75 millions. Il fallait donc créer de nouveaux revenus pour payer les intérêts de la dette publique, et M. de Calonne les demandait à deux grandes ressources : 1° l'impôt territorial, égal pour la noblesse et le clergé ; 2° le timbre, qu'on élevait à cinq sols pour la feuille de papier ; si ces impôts n'avaient pas suffi, les fermiers généraux auraient comblé le vide par des avances, et en tous les cas la compagnie se portait garante du payement des 75 millions annuels, nécessaires pour le service des intérêts de la dette publique. Comme couronncment à ce système, on créait, ou l'on régularisait en l'agrandissant, la caisse d'escompte, c'est-à-dire une institution de crédit qui émettrait des billets à vue et garantis par l'État. La caisse d'escompte devait donner son concours au crédit et faire l'office de la banque d'Angleterre [1]. Quoique d'une exécution facile et pratique, le plan de M. de Calonne fut repoussé par les notables et les malcontents. MM. de Lafayette, de Larochefoucauld, Talleyrand, Noailles, Montmorency, se servirent des notables pour renverser le budget du contrôleur général.

1. La caisse d'escompte émettait des billets-monnaie de 500 à 1 000 livres. C'est le premier essai de la Banque.

XI

VIE INTIME DE LA REINE. — LES PLAISIRS DE VERSAILLES.

LES SALONS· — LE JEU. — LES CHASSES DU ROI.

(1785-1788.)

XI

Ce fut à l'époque de l'Assemblée des notables seulement que la reine adopta une politique dessinée sur les affaires publiques; on l'avait accusée de ses prédilections pour la cour de Vienne et pour son frère Joseph. Ces murmures inquiétaient Marie-Antoinette : elle exprimait ses tristesses dans sa correspondance avec sa mère, Marie-Thérèse, avec sa sœur Christine; « elle est Française par ses sentiments personnels, par l'amour qu'elle porte au roi, à ses enfants, à ce peuple qui l'a adoptée : elle a tout fait pour être aimée; ces calomnies sont indignes et les méchants bruits brisent son cœur [1]. » Quand Jo-

1. Recueil des lettres autographes.

seph II vint à Paris, tout en lui témoignant une extrême tendresse, la reine resta fière de la France, de ses richesses, de sa puissance. Dans le traité signé par Louis XVI avec l'empereur sur la Belgique, Marie-Antoinette resta absolument étrangère aux négociations; on osa dire néanmoins que la reine envoyait de l'or dans les Pays-Bas. Ces bruits venus de haut descendaient dans les bas-fonds de la société : ils contribuèrent à dépopulariser la reine et à grandir ses chagrins.

Le cœur humain est ainsi fait: à mesure que la calomnie vous torture, on a besoin d'inséparables amis dans le sein desquels on dépose ses tristesses, ses douleurs; de là cette puissance plus active de la duchesse Yolande Polignac sur le cœur de la reine. A qui pouvait-elle se confier avec plus d'abandon et de franchise? Ces deux jeunes mères étaient toujours ensemble, et lorsque l'ennui des étiquettes de Versailles assombrissait leur front, elles couraient à leur ermitage de Trianon. La reine planta de ses mains, à cette mélancolique époque, un saule aux feuilles pendantes, qui trempait ses feuilles dans les eaux dormantes du lac, symbole de ses lamentables pressentiments. Le drame commençait avec ce concert de haines et de calomnies qui s'élevait jusqu'à la majesté douce et gracieuse!

La reine avait fait tant d'ingrats! ce n'était pas seulement M. de Lafayette dont elle avait aidé si considérablement la carrière, mais encore les deux frères Lameth, les favoris de Trianon, et qui se plaçaient parmi ses ennemis[1]. Tout ce qu'était cette famille Lameth, elle le devait à la reine : les trois frères s'en faisaient les indignes ennemis.

Dans la situation difficile où se trouvait la monarchie, Louis XVI n'avait rien changé à ses habitudes, sa vie était uniforme; chaque jour il allait en chasse, une de ses passions les plus vives, une de ses habitudes les mieux réglées. A l'heure précise rien n'aurait détourné le roi de commander ses piqueurs, de grouper sa meute et de régler son parcours fort au loin, jusqu'à Rambouillet, sa forêt de prédilection. Louis XVI tirait fort bien la bête fauve, bravait hardiment le sanglier : souvent le soir il écrivait sur son livre aux armes royales les prouesses de la journée, coutume qui datait de Charlemagne. A son débotté, le roi donnait quelques audiences jusqu'à son souper; d'un appétit homérique, Louis XVI avait tendance à grossir, et Monsieur,

1. Alexandre et Charles Lameth avaient été élevés par les soins de la reine; leur père était mort sur le champ de bataille; leur mère était une Broglie. Charles était colonel à vingt-six ans, et son frère, capitaine à vingt ans.

comte de Provence, qui s'en apercevait, en le raillant prenait aussi un fort remarquable embonpoint; le comte d'Artois seul restait mince et fluet, d'une taille élancée pleine d'élégance et de distinction.

Le jeu de la reine restait une des vives distractions de Versailles. Tous les gentilshommes ayant droit de monter dans le carrosse du roi pouvaient assister à ce jeu. Les plus assidus étaient le duc de Luxembourg (Montmorency), le duc de Noailles, le comte de Charost (Béthune), le duc de Brissac, le duc d'Aumont, Gramont, Durfort, Roquelaure, Coigny, le comte de Fersen, colonel de Royal-Suédois[1]. On dansait aussi beaucoup dans les petits appartements, sur les airs composés par Gluck, Piccini, Mozart, Dalayrac. A Versailles la dignité était sévèrement gardée, et la reine fit écrire par la duchesse de Polignac aux comtesses de Puget et de Genlis de ne plus paraître dans ses salons, parce qu'elles s'étaient laissées aller à une danse extravagante. La comtesse de Genlis en garda un ressentiment profond qui se retrouve dans ses mémoires[2].

1. Le règlement de 1774 fixait les entrées à la cour. Les mémoires de Mme de Créquy s'étendent très-longuement sur ce chapitre des étiquettes.

2. Les mémoires de Mme Genlis sont très-défavorables à la reine.

Les salons de Versailles en 1785, malgré les opinions déjà agitées, offraient encore le plus beau spectacle du monde. Les charmantes toilettes Louis XV étaient délaissées pour de nouvelles modes ; les femmes, le soir sous les lustres, portaient des coiffures étagées en espalier, garnies de fleurs, inventées par Léonard, le coiffeur de la reine, artiste distingué, enthousiaste de sa souveraine. Ces nobles et belles têtes de duchesses, de marquises portaient gracieusement un chapeau de bergère avec un jardinet en corbeille, préparé par Mlle Bertin, marchande de modes de la reine, et qui travaillait avec elle comme un ministre à portefeuille ; la mode n'est-elle pas une souveraine? Les déshabillés n'étaient plus à grands ramages, mais en étoffes de l'Inde : mousseline diaprée, linon, petite robe pincée en guingant, en jaconas ou nankin, avec des oiseaux de paradis et des chinoiseries peintes en vives couleurs. Les hommes avaient renoncé au justaucorps serré de taille et brodé de soie Louis XV, pour adopter des habits que depuis on appela à la française, coupés droit, en soie, drap, velours, camelot, selon la saison : habits disgracieux qui faisaient ressortir le ventre. Le roi Louis XVI, le plus simple des hommes, portait habituellement un de ces habits gris de perle, et aux jours d'apparat, en drap d'or. Dans sa visite splendide à sa grande marine de Cherbourg, victorieuse des Anglais, le roi avait un habit couleur citron tellement chamarré d'or qu'il brillait au soleil à travers les mille rames dressées sur les chaloupes, battant pavillon royal. Les perruques encore poudrées étaient retenues dans une bourse; la culotte courte semée de petites fleurs, bas de soie et souliers à boucles, à talons rouges, la manchette et le jabot en dentelle étaient à la mode. A la ville les gentilshommes économistes et puritains portaient le simple frac de drap noir, col et jabot de linon empesé comme en Hollande[1], tandis que la société du comte d'Artois et du duc de Chartres adoptaient les modes anglaises, même la veste et la casquette de jockey dans les courses et à la chasse, à l'imitation d'Epson.

Les ornements des salons Louis XVI n'avaient plus le cachet des fantaisies et des fouillis Pompadour et du Barry; les fenêtres étaient longues avec volets simples et gris à baguette d'or; les trumeaux n'étaient plus ovales, mais longs, avec des ornements dorés un peu lourds; les encoignures en bois des îles ressortaient sur des tapisseries d'étoffes en percales unies ou peintes.

1. Voir la collection des modes (Bibliothèque impériale, 1784).

Dans les salons réservés, sous les draperies, brillaient des épinettes en bois de rose, des boîtes de jeu en ivoire, écaille, porcelaine incrustés ; meubles en bois parfumé d'iris et de vanille et les *bonheurs du jour*, chéris de Marie-Antoinette ; les fauteuils, les canapés étaient simples avec paravent chinois sur or, et ces adorables cages à perroquets ou à perruches aux vives couleurs, châteaux féeriques de l'oiseau bleu. La reine meublait ainsi le château de Saint-Cloud, qu'elle avait assigné pour résidence aux enfants de France, sous le gouvernement de Yolande-Gabrielle de Polignac, alors elle-même mère de famille ; la duchesse avait trente-sept ans (en 1785) ; elle adorait ses enfants à l'égal de ceux de la reine : Armand-Jules-Héraclius de Polignac, né en 1771, déjà cadet dans un régiment de hussards ; Auguste-Jules-Marie, né en 1780 ; Melchior-Jules, né en 1781 : tous deux compagnons des fils de France ; et une petite fille, Gabrielle de Polignac, née en 1780, qui épousa depuis le duc de Gramont.

Ainsi mère de famille, la duchesse était devenue grave, sérieuse avec la reine elle-même, que la politique préoccupait silencieusement. Quelquefois, couverte d'une simple mante, avec un large chapeau de paille, préservée par un voile épais, Marie-Antoinette sortait le matin du parc réservé de Versailles, pour aller dans la campagne, au milieu des paysans et des laboureurs qui respectaient son incognito. Le lieu le plus fréquenté de ses pèlerinages était une simple auberge au village de Roquencourt, sur cette admirable route qui va du parc de Versailles et de Trianon par la porte Saint-Antoine jusqu'à Marly. Là une tasse de lait lui était présentée, et la reine revenait à pied dans la résidence royale, pleine de ses tristes réflexions.

Les traditions rapportent que tandis que la reine prenait sa tasse de lait à Roquencourt, le peintre Boze[1] et quelques-uns de ses joyeux artistes entrèrent dans l'auberge, et avec cet esprit des jeunes gens en bonne humeur ils commencèrent une conversation osée : la reine, abaissant son voile, s'était tournée de l'autre côté, pour n'être point aperçue ; le peintre Boze, souvent appelé au château pour les portraits, reconnut bientôt la reine, qui mit un doigt sur ses lèvres pour lui recommander la discrétion ; les francs et joyeux propos continuèrent, et Marie-Antoinette se retira en gardant le silence le plus absolu. Cette auberge existe encore à

1. Le peintre Boze, depuis lié au parti girondin, joua un rôle actif dans les négociations du roi avec ce parti.

Roquencourt; elle est aujourd'hui une station pour les voitures et les rouliers; l'ameublement est toujours simple, plus que modeste; on dirait que rien n'est changé depuis qu'il a été visité par la reine de France [1].

Ces actions les plus simples, les plus naïves de son existence étaient le sujet d'odieuses calomnies. Il parut à cette époque à Londres d'horribles mémoires sur l'affaire du collier; la reine, tout en pleurs, à tout prix voulait les détruire, et elle chargea de cette mission le négociateur intriguant et parleur Caron de Beaumarchais; mais depuis longtemps des exemplaires étaient dans les mains de tous; on fit une spéculation du scandale et on les vendit en France; ils purent être distribués à bas prix, même dans la multitude [2]. L'amour du peuple, éclatant autour de la reine quand elle avait rendu grâces à sainte Geneviève de la naissance du Dauphin, se transformait peu à peu en irritation vive et soudaine; on lui reprochait jusque dans les halles d'être la cause du déficit et de la pénurie des grains. La faveur de la famille Polignac était odieuse : la chanoinesse Diane, que l'on appelait

---

1. Je me suis arrêté dans cette auberge (1863) si pleine de souvenirs, et l'ai visitée en détail.

2. Ces mémoires furent publiquement reproduits en 1792.

l'astre de nuit, à cause de ses humeurs hautaines, blessait les gentilshommes les plus dévoués. Bien des mémoires arrivèrent à la reine pour la détacher de la duchesse Yolande et donner une autre gouvernante aux enfants de France ; on lui promettait à ce prix le retour de cette popularité qu'elle aimait tant. Pourquoi ne pas rappeler la princesse de Lamballe, qui aurait été un lien de conciliation avec la branche d'Orléans? La reine aimait la duchesse, son amie ; elle connaissait son dévouement à sa personne : quel motif avait-elle pour la renvoyer? Fallait-il se priver de cette douce amitié qui seule savait comprendre ses peines et soulager ses ennuis? D'ailleurs la reine avait en son âme une grande fierté! Céder devant une accusation injuste, c'était une lâcheté qu'elle ne pouvait s'imposer. Il est des situations qui commandent la résistance, et la reine en était arrivée à se roidir contre les événements. Si cette résolution de résister sauve quelquefois, elle perd souvent les âmes fières.

XII

RÉSISTANCE DES PARLEMENTS. — LES ÉTATS GÉNÉRAUX.

(1785-1789.)

XII

RÉSISTANCE DES PARLEMENTS. — LES ÉTATS GÉNÉRAUX.

(1785-1789.)

Les parlements auraient dû garder une reconnaissance profonde pour Louis XVI, qui les avait rappelés à son avénement; mais la reconnaissance n'est pas la vertu des corps politiques; quand ils voient le pouvoir leur arriver, ils cherchent à le saisir par une invincible tendance. Le roi avait ordonné de communiquer aux parlements les édits qui créaient les nouveaux impôts avec commandement de les enregistrer sans débats; il put s'apercevoir bientôt de la faute immense qu'il avait faite, en révoquant les édits du chancelier Maupeou; les parlements reprenaient une opposition décorée alors du nom de patriotisme.

Le Parlement comptait deux opinions bien distinctes : l'une, composée d'anciens magistrats, ne voulait pas aller au delà des remontrances, droit traditionnel, coutume presque acceptée; l'autre, composée de jeunes et ardents parlementaires, rêvait la transformation du Parlement, je l'ai dit, en une espèce de chambre des lords et des communes, élue comme en Angleterre. A leur tête brillait Hérault de Séchelle[1], d'une illustre famille, riche en terres de plus de 300 mille livres de rente; il était allié aux Polignac; la duchesse Yolande l'avait protégé auprès de la reine, à qui Hérault de Séchelle devait son rapide avancement; avocat général au Parlement, d'une parole douce, intelligente, sa beauté, son éloquence lui avaient inspiré un orgueil, une ambition extrêmes; grand conquérant de cœurs, il passait sa vie dans les boudoirs du Marais, du Temple, du faubourg Saint-Germain. Hérault de Séchelle avait pour ami et collègue Lepelletier de Saint-Fargeau[2], riche et beau comme lui, lié au parti philosophique par ses études et ses rêveries; Hérault et Lepelletier à la tête des jeunes magistrats étaient tout pleins d'impatience de jouer un rôle politique dans la crise suprême de la monarchie.

1. Hérault de Séchelle avait débuté dans la magistrature par la charge de procureur du roi au Châtelet.

2. Michel Lepelletier de Saint-Fargeau avait été avocat général et était président à mortier au Parlement de Paris.

Ce parti des jeunes et des fougueux devait entraîner nécessairement les vieux parlementaires en les prenant par le côté faible : la vanité, grande puissance sur les âmes ; on éprouve je ne sais quel bonheur orgueilleux à s'entendre appeler les soutiens de la patrie. Avec la simple intelligence de l'esprit des parlements, on devait donc prévoir une opposition d'autant plus formidable que l'on connaissait le caractère du roi, brusque d'abord, rude jusqu'à la colère, puis accordant tout avec l'arrière-pensée de tout ressaisir. Enfin, telle était la force des habitudes, que le roi, dans les circonstances les plus difficiles, ne se dérangeait ni de ses chasses ni de ses distractions même les plus futiles ; très-souvent ce n'était qu'à son débotté qu'il apprenait les graves événements de la journée ; or, quand on s'impose la nécessité d'un coup d'État, il faut y travailler comme à un devoir qui ne permet souvent ni la table, ni la chasse, ni le sommeil.

Autour du roi, dans sa famille, se continuait l'opposition ; M. le comte de Provence ménageait les parlementaires : au nom du roi, désigné pour porter les édits d'impôt à l'enregistrement en lit de justice, il s'était d'abord fait beaucoup prier ; il avait rempli sa mission d'un air de malcontent au milieu des ovations populaires, auxquelles il répondait avec une grâce presque royale. Il n'en était pas ainsi du comte d'Artois, chargé de porter les édits à la cour des aides; on le savait chevaleresquement dévoué à la reine. Aussi fut-il mal accueilli par cette basoche de clercs, de procureurs, d'huissiers et d'avocats sans causes qui préparaient les émeutes au nom du Parlement. Quant à M. le duc d'Orléans, avec un tact extrême, il avait compris que le moment était arrivé de prendre une attitude dessinée; quand Louis XVI vint en son lit de justice, le prince fit entendre de libres paroles. Il fut exilé avec quelques parlementaires[1]; mais le duc d'Orléans savait bien que pour lui désormais il n'y avait rien à craindre; les malcontents ont le sentiment parfait de ces situations embarrassées, dans lesquelles il est facile de braver les pouvoirs affaiblis.

Contre ces parlements qui n'avaient pas voulu s'associer aux mesures du gouvernement, que fallait-il décider? Le roi devait les renvoyer comme avait fait Louis XV, prononcer leur suspension avec la vente des charges, lutte assurément dangereuse, mais préférable aux incer-

1. Le duc d'Orléans avait été exilé à sa terre de Villers-Cotterets, douce retraite où il put librement conspirer avec ses amis.

titudes et aux tâtonnements qui tuent l'autorité ;
il fallait attaquer l'opposition de vive force,
sans peur, sans crainte : oser, en matière de
gouvernement, c'est triompher. Tel était l'avis
du petit comité de Trianon ; il avait foi en l'épée.
Au lieu de cette énergique résolution, que fit
le roi ? Après avoir exilé les chefs du parti
populaire dans le Parlement, il les rappela, en
proclamant fidèles ceux qu'il avait chassés la
veille comme des révoltés. Les parlementaires
en devinrent plus osés, en déclarant avec la gra-
vité des patriciens du sénat, qu'ils n'avaient pas le
pouvoir de voter les impôts : aux états généraux
seuls ce droit appartenait dans les crises su-
prêmes de la monarchie.

Cette idée de convoquer les états généraux
était partagée par le cardinal de Brienne, à qui le
roi confiait le ministère. Dans l'effervescence
des esprits, c'était une dangereuse expérience.
Les états généraux, sous l'ancienne monarchie,
toujours une cause d'agitation, n'avaient jamais
rien fini ; depuis le vigoureux ministère de Richelieu, on ne les avait plus convoqués, et sans
leur concours la France s'était fortement déve-
loppée. Ces exemples du passé n'arrêtèrent pas
le conseil du roi ; le torrent des opinions l'emportait ; on ne s'occupa plus dès lors que de la

forme de convocation, et de régler la part qui serait accordée aux états dans la direction du gouvernement [1]. D'après les traditions historiques, les états généraux, élus par les trois ordres, délibéraient séparément et se faisaient contre-poids. Ce balancement dans les votes formait la principale garantie de la couronne contre le despotisme d'un seul ordre. Il fut exposé au roi, en conseil, que ces formes étaient surannées : depuis la dernière réunion (1638), le tiers état avait grandi en importance sous l'action et le développement du commerce et de l'industrie ; ce n'était pas trop de lui donner une double représentation, c'est-à-dire deux voix dans la délibération définitive. Monsieur, comte de Provence, jusqu'ici associé aux idées progressives, néanmoins écrivit un remarquable mémoire pour s'opposer au double vote du tiers état, comme contraire à la constitution de la France [2]. Il ne fut pas écouté ; Louis XVI avait à se plaindre de la haute noblesse et du haut clergé où s'était réfugié l'esprit d'opposition. Roi bourgeois, il espérait trouver un appui plus facile parmi la classe moyenne.

1. Les procès-verbaux des anciens états généraux furent alors publiés.

2. Ce mémoire, fort bien rédigé et trouvé dans les papiers de Louis XVIII, a été imprimé en 1836.

Dans son voyage en Normandie, il avait vu combien il était aimé; cet enivrement, il croyait le retrouver dans le tiers état.

Cette espérance se fût peut-être réalisée si en même temps, sous l'impulsion du parti américain, le cardinal de Brienne n'eût proclamé la liberté de la presse illimitée dans le but d'éclairer l'opinion publique au moment des élections solennelles; un déluge d'écrits inonda les provinces, et à peine un mois écoulé, l'opinion fut pervertie; il n'y eut médiocre écrivain qui ne publiât sa brochure, son pamphlet; la rage de parler s'empara de tous, et de la fange de ce cataclisme sortirent Marat, Brissot, Camille Desmoulins. Si ces journalistes ménageaient encore le roi, ils attaquaient ouvertement la reine, le comte d'Artois, Diane et Gabrielle de Polignac, qu'ils couvraient d'infâmes calomnies. Les partis ont un instinct merveilleux pour deviner ceux qui peuvent empêcher leurs desseins. Le roi céderait, et ils le savaient; la reine lutterait, et il fallait anéantir l'obstacle, le seul ressort énergique de gouvernement.

Un autre symptôme de désordre se révélait dans les provinces; chaque bailliage formait des assemblées préparatoires, et dans toutes ces réunions s'étaient élevés des tribuns qui agitaient

les esprits. En Provence, par exemple, on avait
vu le comte de Mirabeau, sur les tréteaux populaires, rappeler les Gracques, et Marius, dans
des harangues aujourd'hui puériles, alors fortement applaudies : l'échappé des prisons d'État,
le corrupteur des familles, prenait la supériorité
sur l'honnête homme et devenait l'élu du tiers
état[1]. Ce résultat menaçant pour l'ordre se produisit presque partout; si les cahiers étaient
précis et très-opposés à une révolution, tiendrait-
on ce mandat dans les états réunis en assemblée et se frottant par l'électricité des journaux?
A Paris, un fait très-grave s'était produit, les
électeurs réunis se constituaient en pouvoir per-
manent pour seconder les états généraux, et à
ce pouvoir irrégulier et tout enivré de son impunité s'étaient adjoints les agitateurs du palais ;
les clercs de la basoche, les assidus du parterre
des théâtres, ardents auditeurs des tragédies de
Brutus, de *Cassius*, saisissant aussi toutes les allusions du *Mariage de Figaro* contre la reine, et Suzanne (la duchesse de Polignac); on se réunissait
au Palais-Royal, lieu de toutes les corruptions :
le jeu, les filles éhontées, et les gardes-françaises
bientôt appelés à jouer un rôle indigne de l'ar-

1. Le comte de Mirabeau se fit marchand de draps pour
conquérir le suffrage du tiers état.

mée Depuis que le duc du Châtelet[1] avait remplacé M. de Biron dans le commandement des gardes-françaises, ce corps si beau, si dévoué sous Louis XV, s'était déplorablement perverti ; les femmes et le vin, dans les cabarets, les entraînaient au désordre, au manque de respect envers les officiers ; par esprit d'économie, le duc du Châtelet avait permis aux gardes-françaises de travailler dans les boutiques des diverses industries ; ces soldats appartenaient ainsi plus au peuple qu'au roi : les malcontents le savaient bien et ils en profiteraient.

Aux murmures orgueilleux des députés, il était facile de voir à Versailles que les nouveaux états seraient entraînés à quelques actes violents. La reine, le comte d'Artois et leurs amis présentèrent alors un mémoire au roi, pour lui démontrer les périls de la situation et lui proposer un parti décisif. « Le temps paraissait venu, disait le mémoire, où une lutte devenait imminente : les états, à peine constitués, aspiraient à une transformation en bravant l'autorité du roi ; un abbé pédant, du nom de Sieyès, proposait déjà de former une seule assemblée des ordres réunis. La monarchie ainsi attaquée était dans son légitime

1. Le duc du Châtelet était de la famille de la célèbre marquise du Châtelet si aimée par Voltaire.

droit de défense ; on avait convoqué les états généraux, et non pas une assemblée nationale. Le roi avait dans les environs de Versailles trente mille hommes de troupes dévouées, sous le commandement du maréchal de Broglie. On nommerait le prince de Condé généralissime de l'armée, connétable au besoin, comme sous la Fronde. Le roi, à la tête de ces forces réunies, dissoudrait les états, ferait arrêter les principaux meneurs par lettres de cachet. S'il y avait émeute à Paris, l'armée occuperait la ville rebelle. Restait la question du déficit : il serait facile de le combler par des économies sur tous les services ; on engagerait les diamants de la couronne, on aliénerait pour 100 millions de domaines ; le clergé consentait à abandonner la moitié de son revenu ; les fermiers généraux s'engageaient à un prêt de 50 millions de livres, garanti par la caisse d'escompte. »

Ce plan, plein de raison, présenté par la reine, accepté par le comte d'Artois et le prince de Condé, avait mille chances de succès ; les officiers n'avaient besoin que des ordres du roi. Le camp se réunissait autour de Versailles, une joie glorieuse circulait partout ; il y avait dans les rangs des gentilshommes un dévouement absolu qui aurait obéi avec enthousiasme. Le roi était dans son droit: les députés transformaient leur mandat; il n'y avait plus d'états généraux, ils y renonçaient eux-mêmes en se proclamant Assemblée nationale. Comme à toutes les époques, un pouvoir fort aurait toujours raison des assemblées de parleurs.

XIII

LE COUP D'ÉTAT DE TRIANON.

DISGRACE ET ÉMIGRATION DE LA DUCHESSE DE POLIGNAC.

(1789.)

XIII

Ce fut un des jours heureux pour la reine
lorsqu'elle apprit qu'enfin le roi en son conseil
avait pris une ferme et légitime résolution contre
les états généraux, qui dénaturaient leur mandat en se proclamant assemblée nationale. Marie-Antoinette n'avait jamais perdu ni ses souvenirs ni son éducation historique. L'image de
Marie-Thérèse se dressait incessamment devant
elle avec son courage et sa grandeur. Une petite
fête fut improvisée à Trianon ; le roi, le comte
d'Artois, la duchesse de Polignac avec les enfants de France vinrent y souper après le conseil
où fut préparée la déclaration du 14 juin, acte
légal et légitime : le roi renvoyait les états géné-

raux qui avaient eux-mêmes méconnu leur titre et leur caractère[1]. La reine avait grande foi dans le succès de la déclaration du 14 juin, si conforme aux principes du droit légal ; M. Necker lui-même l'avait approuvée. Un homme d'État s'associe toujours aux fortes et justes mesures d'un ferme gouvernement.

Le grand maître des cérémonies, M. de Dreux-Brézé, fut chargé de notifier aux états généraux leur dissolution. Jamais le comte de Mirabeau, quelque insolent qu'il fût, n'osa dire à M. de Dreux-Brézé les célèbres et puériles paroles tant citées : « Esclave, va dire à ton maître que nous sommes ici par la volonté du peuple et que nous n'en sortirons que par la force des baïonnettes. » Au seul mot *esclave*, M. de Brézé, fort brave gentilhomme, eût fouetté de son gant la figure de Mirabeau. L'Assemblée ne résista pas : les députés se dispersèrent dans Versailles, et comme il pleuvait beaucoup, un certain nombre des plus turbulents députés vinrent chercher abri dans le jeu de paume, espèce de grange abandonnée où se passa la scène du serment. Quoique le peintre David ait cherché à idéaliser cette scène digne du pinceau de Teniers, le sourire vient aux

---

1. Ce fut sur la proposition de l'abbé Sieyès.

lèvres en contemplant ce groupe de grotesques:
Bailly à la bouche si niaise; Mirabeau, espèce
de fort de la halle au petit manteau, le poing
roide comme pour le pugilat; la Fayette, si satisfait de lui-même; le chartreux don Gerle, embrassant Sieyès d'un air hébété. En supposant
le patriotisme le plus pur à ces députés, ne se
mettaient-ils pas en état de rébellion contre
l'autorité reconnue? Que devait faire Louis XVI
en présence d'une telle résistance? ce que firent
plus tard les pouvoirs nés de la révolution : le
Directoire au 18 fructidor, le général Bonaparte
au 18 brumaire ; ce qu'a fait et ce que ferait désormais tout pouvoir fort, menacé par les intrigues
de parti. Louis XVI en avait les moyens; une
armée de 30 000 hommes campait dans les environs de Versailles, très-dévouée et prête à marcher sous le maréchal de Broglie; le roi eût
même rendu service à ces députés en les dis-
persant; il leur eût évité le châtiment providen-
tiel que leur réservait Robespierre. La plupart
de ces têtes du serment du jeu de paume furent
parfaitement coupées par Maximilien, l'ami intime du peintre David, qui les avait si bien des-
sinées comme un signalement qui aida le tribunal révolutionnaire [1].

1. 47 des députés représentés dans le tableau de David,

Le ferme avis de la reine, du comte d'Artois, du prince de Condé, et de la petite société de Trianon, était d'arrêter les meneurs d'une Assemblée qui abusait de l'audace ; il fallait employer *cette force des baïonnettes* dont le comte de Mirabeau avait reconnu la puissance. A la vue du premier dragon de Flandres, d'Artois et de Royal-Allemand, tous ces tribuns se seraient dispersés et cachés pour ne plus reparaître que corrigés et soumis. Mais Louis XVI était assailli par la haute noblesse qui manquait à son devoir, j'oserai dire à sa loyauté, en lui conseillant de céder. Sous Louis XIV elle eût entouré le roi de ses épées ; mais les plus grands noms de l'aristocratie : les la Rochefoucauld, les Montesquiou, les Ségur, gâtés par les idées nouvelles, flattaient le roi pour le perdre. Le duc de Liancourt surtout joua le plus triste rôle ; fort honnête homme au reste, il énerva la fermeté du roi en lui exposant les bonnes volontés de l'Assemblée, son désir du bien public, le respect profond qu'elle avait pour le trône et la famille régnante[1]. L'Assemblée nationale (tel était le titre usurpé

furent arrêtés et guillotinés par les ordres du comité de salut public et de sûreté générale où siégeait David.

1. On cita de lui ces mots bien faits pour énerver, effrayer le roi : « Sire, ce n'est pas une émeute, mais bien une révolution. »

par les états généraux) fit des adresses pleines d'amour et de dévouement ; ainsi elle entraîna le roi à reconnaître un titre illégal, à s'unir avec son peuple, comme on le disait, à abandonner ses projets de fermeté et de répression. Louis XVI vint à l'Assemblée nationale et tout fut perdu, car le parti de la reine et de ses amis était vaincu.

La fermentation était grande à Paris ; l'émeute s'essayait à une lutte ; on put voir comme dès les premiers jours elle eût été facilement vaincue ! Le roi avait confié le pouvoir militaire au prince de Lambesc[1], parent de la reine, de la maison de Lorraine, brave militaire très-distingué sur le champ de bataille ; il fit son devoir : l'émeute grondait, il la dispersa avec autant de fermeté que de modération. A la première charge du Royal-Allemand, la foule s'enfuit par toutes les issues ; un seul homme fut légèrement blessé et l'on fit courir le bruit d'un massacre du peuple, éternelle manœuvre des révolutions. Tout ce qui se passait à Paris était illégal ; les électeurs qui n'étaient pas un corps politique se

---

1. Charles-Eugène comte de Brionne, prince de Lambesc ; il était le descendant de Claude de Guise, les escadrons de Royal-Allemand étaient réunis à la place de Louis XV, pour protéger la statue du roi dont on brisait la grille.

réunissaient en comité pour délibérer ; sur le simple bruit d'une attaque répandu faussement, il s'était formé une milice urbaine à laquelle on donna le nom de garde nationale. Il n'y avait là rien de nouveau dans l'histoire de Paris, c'était un souvenir de la fronde qui avait eu ses quarteniers, les colonels de la milice, les chaînes tendues. Que fallait-il faire encore ? marcher résolûment sur la cité, couper les voies par des piquets de cavalerie répandus autour de la Seine et de la Marne, comme l'avait fait le prince de Condé en 1648. Si Versailles n'était pas une position assez fortifiée, la cour devait choisir Saint-Germain, tandis que l'armée royale aurait agi contre Paris. Tout cela fut dit fermement au roi par la reine, le comte d'Artois ; mais Louis XVI suivait la pente que lui traçait le petit conseil de haute noblesse qui, en le caressant, le conduisait à la ruine.

Sous l'action des écrits incendiaires, Paris fut bientôt en feu. Une émeute partie du Palais-Royal, lieu de dissolution et de débauche, secondée par la défection des gardes-françaises, soldats de mauvais lieux et de tavernes, marcha sur la Bastille, gardée par quelques invalides, et s'en empara sans grands efforts. S'il y a un acte coupable en ce monde, c'est la défection des troupes sous les armes ; elle fut louée comme un beau patriotisme, on porta les gardes-francaises en triomphe et la discipline en fut profondément ébranlée [1]. Il fallait agir sans retard ; la prise de la Bastille était un événement sans importance au point de vue militaire. Ce n'était pas la première fois que les Parisiens avaient été maîtres de la Bastille ; leurs quarteniers y avaient arboré l'étendard de la Ligue et de la Fronde ; le parlementaire Broussel l'avait commandée. La reine et ses amis conseillèrent de transporter l'action et le siége du gouvernement dans une place fortifiée, Lille, Brest ou Strasbourg, de jeter autour de Paris des troupes légères pour interrompre toute communication avec les provinces et de commencer une campagne régulière. Paris, livré à lui-même, se dévorerait dans les excès de la guerre civile ; si la monarchie succombait dans la lutte, ce serait glorieusement. Le roi n'était pas à cette hauteur, une initiative vigoureuse était en dehors de son tempérament tout d'habitude ; il préféra temporiser, transiger. Enfin, il vint à l'hôtel de ville prendre les couleurs des insurgés au milieu d'un carnaval populaire.

1. On improvisa plus tard une fête en l'honneur de la défection des Suisses du régiment de Châteauvieux.

Dès lors les amis de la reine virent que tout était perdu pour leurs idées ; le comte d'Artois, le duc et la duchesse de Polignac, la petite cour de Trianon jugèrent que désormais leur présence serait un empêchement dans la voie de transaction où Louis XVI s'engageait : ni la peur, ni le dépit n'entraînèrent le comte d'Artois et la famille de Polignac à quitter Versailles, mais le sentiment profond qu'ils n'étaient plus désormais qu'un obstacle dans le système qu'acceptait le roi, c'est-à-dire un arrangement avec les hommes et les principes de la révolution.

Au reste, quand on examine la société telle que le dix-huitième siècle l'avait faite, peut-être Louis XVI avait-il raison ; il est un temps où les ressorts du pouvoir sont tellement détendus, où les idées de révolution ont tellement progressé, que tout vous manque à la fois sous la main : la discipline militaire, la fidélité des cœurs, la loi du devoir. Depuis un siècle les idées s'étaient transformées, les philosophes avaient préparé les voies d'un monde nouveau ; la noblesse, le clergé, la bourgeoisie marchaient tête levée vers une transformation sociale ; la révolution française n'était que la mise en œuvre des doctrines du dix-huitième siècle. L'ancien régime s'exilait avec ses loisirs, ses

élégances ; l'âge du travail et du fer commençait.
La France pouvait accepter un dictateur ; elle ne
voulait plus de roi dans le sens de la vieille monarchie ; les Tarquins bannis, Rome aboutit aux
Césars.

XIV

LA MAISON DE LA REINE

APRÈS LE DÉPART DE LA DUCHESSE DE POLIGNAC.

MADAME ÉLISABETH. — LA PRINCESSE DE LAMBALLE.

LA MARQUISE DE TOURZEL. — MADAME CAMPAN.

DERNIER SÉJOUR A VERSAILLES.

LA DÉCHÉANCE ET LA MORT DU ROI.

(1789-1793.)

XIV

LA MAISON DE LA REINE APRÈS LE DÉPART DE LA DU-
CHESSE DE POLIGNAC. — MADAME ÉLISABETH. — LA
PRINCESSE DE LAMBALLE. — LA MARQUISE DE TOURZEL.
— MADAME CAMPAN. — DERNIER SÉJOUR A VERSAILLES.
— LA DÉCHÉANCE ET LA MORT DU ROI.

(1789-1793.)

Ce fut le 18 juillet 1789, que Yolande de Polignac quitta le château de Versailles, en pleurs.
Ce n'était pas seulement une perte immense
pour le cœur do la reine, c'était encore un vide
pour sa maison, pour ses enfants, car Mme de
Polignac avait le titre de gouvernante des enfants de France : à qui serait confiée cette haute
dignité? Le départ de Mme de Polignac avait
rapproché de la reine, la jeune sœur de Louis XVI,
Mme Élisabeth, intelligence supérieure, cœur

d'or qui fit le serment de se dévouer au roi et aux enfants de France ses neveux. A la première nouvelle de la lutte, la princesse de Lamballe, surintendante de la maison de la reine, était accourue également à Versailles ; elle avait quitté le chevet de M. le duc de Penthièvre, pour rependre son service auprès de la reine sans se souvenir des froideurs qu'avait provoquées la faveur suprême de Mme de Polignac. Marie-Antoinette, pénétrée de reconnaissance, lui rendit toute son amitié et sa confiance : ce fut par le conseil de Madame Élisabeth et de la princesse de Lamballe, qu'elle choisit pour gouvernante des enfants de France, la dignité la plus difficile et la plus rapprochée de son cœur, la marquise de Tourzel.

Mme de Tourzel était d'Havré de famille ; jusqu'ici, elle avait peu paru à la cour, mais le roi avait remarqué en Mme de Tourzel une grande fermeté de caractère, un esprit bienveillant, plein de sollicitude, et le choix fut agréé. Il existe en original les instructions que la reine donna de sa main à Mme de Tourzel, pour l'éducation du dauphin ; elles font connaître l'âme digne et ferme de Marie-Antoinette et avec quelle sollicitude elle avait étudié le caractère de ses enfants. « Mon fils a quatre ans quatre mois moins deux jours ; je ne parle ni de sa taille ni de son extérieur, il n'y a qu'à le voir ; sa santé a toujours été bonne, mais, même au berceau , on s'est aperçu que ses nerfs étaient très-délicats et que le moindre bruit extraordinaire faisait effet sur lui. Il a été tardif pour ses premières dents, mais elles sont venues sans maladie ni accident. Ce n'est qu'aux dernières, et je crois que c'était la sixième, qu'à Fontainebleau, il a eu une convulsion ; depuis il en a eu deux, une dans l'hiver de 87 à 88, et l'autre à son inoculation ; mais cette dernière à été très-petite. La délicatesse de ses nerfs fait qu'un bruit auquel il n'est pas accoutumé lui fait toujours peur. Il a peur, par exemple, des chiens, parce qu'il en a entendu aboyer près de lui. Je ne l'ai jamais forcé à en voir, parce que je crois qu'à mesure que sa raison viendra ses craintes passeront. Il est comme tous les enfants forts et bien portants, très-étourdi, très-léger, et violent dans ses colères ; mais enfant tendre et caressant même, quand son étourderie ne l'emporte pas. Il a un amour-propre démesuré, qui en le conduisant bien peut tourner à son avantage un jour. Jusqu'à ce qu'il soit bien à son aise avec quelqu'un, il sait prendre sur lui-même d'éviter ses impatiences et colères, pour paraître doux, aimable. Il est d'une grande fidélité quand il a promis une chose ; mais il est très-indiscret, il répète aisément ce qu'il a entendu dire, et souvent, sans vouloir mentir, il ajoute ce que son imagination lui a fait voir. C'est son plus grand défaut, et sur lequel il faut bien le corriger. Du reste, je le répète, il est bon enfant, et avec sa sensibilité, il a en même temps de la fermeté; sans être trop sévère, on fera toujours de lui ce qu'on voudra. Mais la sévérité le révolterait, parce qu'il a beaucoup de caractère pour son âge, et pour en donner un exemple, dès sa plus petite enfance, le mot pardon l'a toujours choqué; il fera et dira tout ce qu'on voudra quand il a tort, mais le mot pardon, il ne le prononcera qu'avec des larmes et des peines infinies. On a toujours accoutumé mes enfants à avoir grande confiance en moi, et quand ils ont eu des torts, à me les dire eux-mêmes. Cela fait qu'en les grondant, j'ai l'air plus peinée et plus affligée que fâchée de ce qu'ils ont fait. Je les ai accoutumés tous, à ce que *oui* ou *non*, prononcé par moi, est irrévocable, mais je leur donne toujours une raison à la portée de leur âge pour qu'ils ne puissent pas croire que c'est humeur de ma part. Mon fils ne sait pas lire, et apprend fort mal, mais il est trop étourdi pour s'appliquer. Il n'a aucune idée de hauteur dans la tête, et je désire fort que cela continue. Nos enfants apprennent toujours assez tôt ce qu'ils sont. Il aime sa sœur beaucoup et a bon cœur ; toutes les fois qu'une chose lui fait plaisir, soit d'aller quelque part, ou qu'on lui donne quelque chose, son premier mouvement est toujours de demander pour sa sœur, de même. Il est né gai ; il a besoin pour sa santé d'être beaucoup à l'air, et je crois qu'il vaut mieux pour sa santé le laisser jouer et travailler à la terre sur les terrasses que de le mener plus loin. L'exercice que les petits enfants prennent en courant, en jouant à l'air est plus sain que d'être forcés à marcher, ce qui souvent leur fatigue les reins [1]. »

Ainsi tout avait été pénétré par la mère, les qualités, les faiblesses et même les défauts ; c'est presque une étude philosophique sur le dauphin de France. Mme de Tourzel se montra digne de la confiance de la reine ; sa pensée unique fut celle-ci : une gouvernante des enfants de France ne doit pas se séparer du dépôt précieux qu'on lui a confié ; elle doit veiller sur ces enfants, les suivre dans la joie, le bonheur, comme dans la tristesse et les périls. Tous ceux qui ont étudié profondément le cœur humain doivent comprendre com-

_____

1. Manuscrit autographe.

bien Marie-Antoinette avait perdu dans Mme de Polignac; elle avait autour d'elle de belles âmes pénétrées de leur devoir, mais elle n'avait plus de cœur chaud, dépositaire de ses plus intimes pensées, de ses secrètes émotions. Auprès d'une amie on s'épanche, auprès des cœurs, seulement dévoués, on se retient, on se contient; on les admire, plus qu'on ne les aime. Dans cette nouvelle maison de la reine, restait une femme assurément distinguée et de beaucoup d'esprit, Mme Campan, qu'on craignait et dont on se méfiait tout à la fois : lectrice de la reine, elle pénétrait dans ses plus secrètes intimités ; on savait ses liaisons avec les chefs constitutionnels de l'Assemblée; on n'osait pas lui montrer de la défiance, dans la crainte de quelques-uns de ces rapports secrets, qui auraient accusé les intentions de la reine auprès de MM. de la Fayette, Bailly, et plus tard, auprès des Girondins; on était obligé de jouer la confiance, la sincérité; la reine était bien malheureuse, Versailles était bien triste, et Trianon abandonné.

Le seul jour de bonheur qu'éprouva Marie-Antoinette, ce fut celui du banquet donné par les gardes du corps au régiment de Flandre, qui venait tenir garnison à Versailles, belle fête tant calomniée ! Quelle joie pour la fille de Marie-

Thérèse, de voir ces nobles épées, tirées pour sa cause, tant de braves officiers, saluant de leur enthousiasme le roi, la reine, le dauphin! c'était l'antique loyauté de l'armée donnant le baiser d'adieu aux couleurs de Fontenoy, à l'écu fleurdelisé.

Les chefs de l'Assemblée nationale considéraient leurs efforts comme désormais impuissants, s'ils n'entraînaient Louis XVI aux Tuileries. Tant que le roi serait à Versailles il pourrait revenir à des idées de résistance; Anne d'Autriche n'avait-elle pas préparé en d'autre temps, la restauration à Saint-Germain? La reine Marie-Antoinette était la femme énergique capable d'une réaction, il fallait s'en défaire [1]. Telle fut la pensée de l'insurrection du 14 octobre, préparée à la main, pour ainsi dire, au Palais-Royal et au Raincy, le château de plaisance, où le vieux vin des caves du duc d'Orléans coulait à flots. Il résulte de l'instruction faite par le Châtelet, que le duc d'Orléans avait été vu déguisé au milieu des vainqueurs de la Bastille qui marchaient sur Versailles: le comte de Mirabeau s'y était montré un sabre à la main. Mirabeau semblait alors poursuivre la reine de ses yeux

1. La résolution de frapper la reine ou de la forcer à s'exiler de France était discutée dans les clubs et signalée par les journaux de Marat et de Camille Desmoulins.

fauves et insolents, comme s'il lui avait voué une
haine sauvage : quelquefois aussi les grands cor-
rompus se font bien méchants pour être mieux
achetés. Au 14 octobre, si l'on avait suivi le conseil de la reine, quelques charges de cavalerie
auraient suffi pour disperser ces 4000 misérables
qui venaient assiéger le château : on aima mieux
s'humilier en soumettant la reine aux respects
affectés de M. de la Fayette lui baisant la main
sur le balcon.

Ce cortége atroce de Versailles à Paris a été
bien souvent décrit : toute une école a exalté les
principes de 1789, comme le fondement de l'ordre moderne ; les hommes sérieux et pratiques
doivent reconnaître que ces principes, résumés
dans la constitution de 1791, rendent tout gouvernement impossible : l'insurrection considérée
comme le plus saint des devoirs, une Assemblée
souveraine, l'unité nulle part dans l'administration, la liberté de la presse illimitée, un clergé
séparé de Rome, des administrations partout
collectives et indépendantes, les juges élus, plus
de magistrature inamovible, la commune libre
et dans la main du peuple, des ministres es-
claves des Assemblées avec une responsabilité
minutieuse qui enchaînait le pouvoir, le droit
des électeurs constitué d'une manière perma-

nente : les principes de 1789 étaient et sont encore l'anarchie[1] !

Une fois la famille royale à Paris, il ne fut pas plus question de Trianon que de Versailles; la petite société de la reine était exilée, les jardins ne voyaient plus leur souveraine : on dit qu'à la dernière visite que Marie-Antoinette fit à son jardin favori, elle cueillit une branche du saule pleureur qui trempait sa chevelure grisâtre dans la pièce d'eau. La reine semblait pressentir sa destinée.

Les penseurs constitutionnels, maîtres du roi n'avaient pas assez tenu compte de la force qu'ils mettaient en mouvement; le peuple n'avait d'abord accepté la révolution qu'avec inquiétude. Bientôt, sous l'action d'une presse ardente, il se jeta avec énergie dans le mouvement; puisqu'il était la force, l'action, il voulait avoir le gouvernement dans ses mains; c'était son droit, et il le revendiqua! De là, cette attitude piteuse, jusqu'à la lâcheté des deux Assemblées constituante et législative : la commune de Paris, les clubs, les journaux régnèrent plus que les députés; tous ces législateurs frémissaient à l'aspect de ces piques, de ces bonnets rouges qu'ils avaient en

---

1. Je ne comprends pas que le parti conservateur invoque aujourd'hui comme une force et une solution les principes de 1789.

d'autres temps surexcités. Les deux Assemblées constituante et législative furent en plus grande captivité que le roi Louis XVI aux Tuileries : Alors vint l'époque des repentirs ; ceux qui avaient perdu la royauté voulaient sauver le roi ; ils le firent avec maladresse, avec imprudence. Le but qu'ils avaient dû prévoir arrivait de lui-même. La royauté serait abolie. C'était la seule chose logique.

L'histoire des derniers jours de Louis XVI aux Tuileries est triste et lamentable ; nulle convenance, nul respect, nulle liberté. Si les Assemblées constituante et législative gardent quelque déférence pour l'inviolabilité du roi, il n'en est pas ainsi pour la vie et l'honneur de la reine. On l'avait décidée à traiter avec Mirabeau son ennemi implacable. Monsieur y fit consentir la reine[1]. Le comte avait besoin d'argent, on lui en donna beaucoup ; il promit son concours, ses plans, ses vues ; le comte de Mirabeau s'engageait à ce qu'il ne pouvait tenir : une force en dehors dominait les Assemblées ; on avait mis la multitude en cause, la commune de Paris devait tôt ou tard dominer. C'est parmi ce peuple

---

1. Ce fut Monsieur, comte de Provence, qui négocia le traité. Mirabeau ne vit jamais la reine, ce qu'on a écrit est un roman.

qu'on jeta les ignominies contre la reine : les journalistes Marat, Camille Desmoulins l'avaient appelée *Madame Veto* et *l'Autrichienne* au milieu d'un déchaînement de haines sauvages.

Quelle consolation avait la reine, après l'exil de la duchesse de Polignac? Autour d'elle, aucune amie à qui elle pût s'abandonner. La princesse de Lamballe était assurément dévouée, mais d'un caractère froid, craintif, toujours hésitante dans la crainte de compromettre le roi. Mme de Tourzel[1] veillait sur les enfants de France avec une tendresse incomparable, rien au delà de ce grand devoir ! Mme Campan, sa première femme, jouait un rôle incertain, et on le savait à la cour. La reine était donc contenue, contrainte dans ses paroles, dans ses actions; elle ne prit une certaine volonté que dans la fuite à Varennes, plan bien combiné et qui aurait réussi si la trahison ne s'était mise partout, si la faiblesse du roi n'avait pas énervé les volontés de Marie-Antoinette qui voulait se défendre et marcher sur l'insurrection avec les troupes à son service; la reine fut toujours contrainte dans ses résolutions par la déférence qu'elle avait pour le roi et par la crainte d'exposer ses enfants.

1. Mme de Tourzel était sœur du duc d'Havré.

Après Varennes, l'humiliation devint encore plus grande, et la captivité des Tuileries plus dure; quelques rares correspondances du dehors pouvaient seules consoler la reine; elle confiait à de braves gentilshommes, à des femmes courageuses quelques billets pleins de sentiment pour la douce et noble Yolande-Gabrielle de Polignac; elle avait la réponse par quelques pèlerins de la fidélité qui venaient dire les douleurs, l'abattement de la duchesse de Polignac à l'aspect des infortunes de sa reine bien-aimée; elle écrivait à son frère Léopold et surtout à sa sœur la gouvernante des Pays-Bas. Ces communications furent suspendues par la guerre que déclara l'Assemblée législative à l'empereur d'Allemagne, nouveau coup porté à la reine. Le traité de 1756 qui avait préparé le mariage fut brisé par la déclaration de guerre. La famille de Polignac ne fut point oubliée dans les vengeances de 1792; tous ses biens furent confisqués et la baronnie de Fénestrange fut réunie au domaine.

Dans les journées des 5 et 6 juin, tout entières dirigées contre la reine, le but des insurgés était de la frapper dans le désordre; elle ne fut sauvée que par un miracle de dévouement. Les chefs de parti la considéraient comme la seule résistance dont il fallait se débarrasser pour arriver à la déchéance du roi; déjà n'était-il pas déchu de fait, lorsque le peuple plaçait sur sa tête le bonnet rouge? Au 10 août, la reine brilla de quelques élans d'énergie, bientôt étouffés par la résignation de martyr que Louis XVI partout montrait. En politique, les martyrs perdent les États, et souvent les audacieux les sauvent. La mort du roi ne finit rien, la proclamation de la république, acte logique, ne terminait pas la lutte; l'anarchie fut plus grande encore dans les partis agités. Tous les constitutionnels, les phraseurs libéraux étaient proscrits; MM. de la Fayette, Lameth émigraient à leur tour après avoir flétri l'émigration. Les Girondins, ces flagorneurs des multitudes, incapables de gouvernement et d'ordre après avoir essayé une lutte, étaient proscrits à leur tour; chacun avait son châtiment : Bailly, Péthion si populaire, Roland à genoux devant le bel esprit de sa femme, étaient livrés au tribunal révolutionnaire. Un gouvernement unitaire s'élevait avec une dictature plus absolue que la royauté de Louis XIV.

XV

LE COMITÉ DE SALUT PUBLIC. — LE PROCÈS DE LA REINE.

MORT DE LA DUCHESSE DE POLIGNAC A VIENNE.

XV

LE COMITÉ DE SALUT PUBLIC. — LE PROCÈS DE LA REINE.
MORT DE LA DUCHESSE DE POLIGNAC A VIENNE.

Le club des Jacobins se personnifia dans le
comité de salut public, composé d'hommes très-
forts; il s'empara du pouvoir et voulut qu'il
fût respecté et obéi. Une police immense et
attentive, une autorité qui ne souffrait aucune
résistance; les vieux généraux obéissant avec
respect aux représentants du peuple en mission;
la commune de Paris abaissée par l'échafaud,
se transformant en une administration régulière,
les yeux toujours fixés sur le comité de salut
public; le tribunal révolutionnaire plus puissant
que les parlements réunis, et les commissions
ardentes du vieux régime, les emprunts forcés,
les assignats, le maximum, et avec un tel respect
pour l'autorité, que les représentants du peuple
en mission n'avaient de comparable dans l'his-

toire que les légats au moyen âge prononçant sur les destinées du peuple [1].

Il fallait cette sanglante tyrannie pour reconstituer le principe d'autorité brisé, éparpillé par les constituants et les Girondins; le gouvernement ne pouvait se relever qu'à cette condition terrible. Aussi que d'énergie et d'unité dans la guerre, dans la répression des révoltes, que d'obéissance et de résignation; la victoire partout, et un si grand effroi inspiré à l'Europe que les cabinets ne cherchaient qu'un prétexte pour faire la paix avec la république; ils attendaient le triomphe absolu et désiré d'un dictateur pour traiter avec la France [2]. Ce fut en sa pleine puissance que le comité de salut public ordonna le procès de la reine Marie-Antoinette devant le tribunal révolutionnaire.

La reine avait été la plus ardente ennemie de la révolution : rien de plus logique que son procès; mais le rapport de Barrère au comité de salut public révélait les véritables motifs de la poursuite inflexible : c'était un défi jeté à l'Autriche au moment où ses armées pénétraient sur

1. Voir mes *Déesses de la liberté*.
2. L'auteur en donnera la preuve dans le travail qu'il prépare sur Mme Leichtenau et les royales maîtresses allemandes.

le territoire français : on espérait amener le
cabinet de Vienne à se séparer de la coalition.
Hérault de Séchelle si beau, si poli, le parent de
Mme de Polignac, avait reçu une mission secrète
pour échanger la vie de la reine contre l'éva-
cuation du territoire [1]. Marie-Antoinette aurait
été remise à l'Autriche avec les autres membres
de la famille royale comme le fut plus tard la
jeune fille de Louis XVI. La négociation échoua
et la reine fut livrée au tribunal révolutionnaire.
Fouquier-Tinville l'accusa : « d'avoir eu des rapports politiques avec l'homme qualifié du nom
d'empereur d'Autriche, roi de Bohême, contraires
aux intérêts de la France ; d'avoir, avec les frères
Capet et l'infâme Calonne dilapidé d'une manière
effroyable les finances de la France, fruit des
sueurs du peuple, pour satisfaire à des passions
désordonnées. Dans le banquet du 1er octobre
1789, au milieu de l'ivresse qu'elle avait excitée
chez les gardes du corps et les soldats du régiment de Flandre, la cocarde nationale avait été
foulée aux pieds et on avait pris la cocarde blan-
che qu'elle-même et ses femmes avaient distri-
buée aux convives. La disette de 1789 était son

____

1. Hérault de Séchelle, possesseur de grands secrets diplomatiques, fut livré à l'échafaud avec Danton et Camille
Desmoulins.

ouvrage. « La veuve Capet, féconde en intrigues de
tous genres, a formé des conciliabules dans son
habitation, composés de tous les contre-révolu-
tionnaires ét d'intrigants des Assemblées constituante et législative ; dans cette réunion, qualifiée
de comité autrichien, a été déterminé l'horrible
massacre du 16 juillet 1791, la conspiration du
10 août déjouée par les efforts des courageux
patriotes. Du 9 au 10 août, elle entretint les Suisses dans un état constant d'ivresse, elle s'entoura
de chevaliers du poignard ; le lendemain, il est
notoire qu'elle a pressé et sollicité Louis Capet
d'aller dans les Tuileries vers cinq heures du
matin passer la revue des véritables Suisses et
autres scélérats qui en avaient pris l'habit, et
qu'à son retour, elle lui a présenté un pistolet en
lui disant : « Voilà le moment de vous montrer, »
et que sur ce refus elle l'a traité de lâche. »

La fermeté de la reine était son grand crime
aux yeux de la révolution ; le procès fut donc
une simple forme. A travers les détails atroces de
l'interrogatoire, il jaillit des révélations historique du plus haut intérêt [1].

— Étiez-vous dans la salle des gardes du corps
lorsque la santé de la nation fut proposée et rejetée?

---

1. Ces interrogatoires se trouvent dans le bulletin du tri-

— Je ne le crois pas.

— Il est notoire que le bruit de la France entière à cette époque était que vous aviez visité vous-même les trois corps d'armée qui se trouvaient à Versailles pour les engager à défendre ce que vous appeliez les prérogatives du trône.

— Je n'ai rien à répondre.

— Avant le 14 juillet 1789, ne teniez-vous pas des conciliabules nocturnes où assistaient la Polignac, et n'était-ce pas là qu'on délibérait sur les moyens de faire passer des fonds à l'empereur?

— Je n'ai jamais assisté à aucun conciliabule.

— Avez-vous connaissance du projet du ci-devant comte d'Artois pour faire sauter l'Assemblée nationale?

— Je n'ai jamais entendu parler que mon frère comte d'Artois eût le dessein dont vous parlez.

— Pourquoi la famille Polignac et plusieurs autres ont-elles été par vous gorgées d'or?

— Elles avaient des places à la cour qui leur procuraient des richesses.

— N'est-ce point chez vous que se sont assemblés les ci-devant nobles et les officiers suisses

bunal révolutionnaire, dont les exemplaires originaux sont fort rares aujourd'hui.

qui étaient au château, et n'est-ce point là qu'on a arrêté de faire feu sur le peuple?

— Personne n'est entré dans mon appartement.

— Depuis votre détention, avez vous écrit à la Polignac ?

— Non.

— N'avez-vous pas fait, quelques jours après votre évasion du 20 juin, une commande d'habits de sœurs grises ?

— Je n'ai jamais fait de pareilles commandes.

— N'avez-vous pas abusé de l'influence que vous aviez sur votre époux pour en tirer des bons sur le trésor public ?

— Jamais.

— Où avez vous pris l'argent avec lequel vous avez fait construire et meubler le Petit-Trianon, où vous donniez des fêtes dans lesquelles vous étiez toujours la déesse ?

— C'était un fonds que l'on avait destiné à cet effet.

— Il fallait que ce fond fût *conséquent*, car ce Petit-Trianon doit avoir coûté des sommes énormes ?

— Il est possible, que le Petit-Trianon ait coûté des sommes énormes, peut-être plus que je ne l'aurais désiré; on avait été entraîné dans les dépenses peu à peu; du reste, je désire plus que personne que l'on soit instruit de ce qui s'est passé.

— N'est-ce pas au Petit-Trianon que vous avez connu la femme Lamotte ?

— Je ne l'ai jamais vue.

— N'a-t-elle pas été votre victime dans la fameuse affaire du collier?

— Elle n'a pu l'être, puisque je ne la connaissais pas.

— Lors de votre mariage avec Capet n'avez-vous pas conçu le projet de réunir la Lorraine à l'Autriche?

— Non.

Un témoin, s'adressant au président, le prie d'interpeller l'accusée de déclarer si, le même jour que le peuple fit l'honneur à son mari de le décorer du bonnet rouge, il ne fut pas tenu un conciliabule nocturne dans le château, où l'on délibéra de prendre la ville de Paris, et s'il ne fut pas aussi décidé que l'on ferait composer des placards dans le sens royaliste par le nommé Esmenard [1].

— Je ne connais point ce nom.

-----

1. Esmenard était un écrivain fort royaliste. C'est l'auteur du poëme sur la navigation.

Cet interrogatoire fut subi avec la même dignité, la même fermeté. La reine, ne perdit son sang-froid, sa contenance résignée qu'à une abominable interpellation de Fouquier-Tinville ; elle amena cette réponse indignée : « J'en appelle à toutes les mères. » La reine ensuite reprit son calme. Un des jurés, le médecin Suberville, aimait à raconter combien l'attitude de Marie-Antoinette l'avait frappé ; ardent républicain, il entrait sincèrement dans les idées politiques du comité de salut public ; il jugea la mort de la reine nécessaire comme un défi jeté à l'Autriche ; mais lui qui avait connu Marie-Antoinette à Trianon dans tout l'éclat de sa grandeur, dans la magie de ses brillants atours, ne cessait de la contempler sous ses habits de veuve ; ses traits étaient fatigués plutôt que flétris, ses cheveux, naguère d'un blond cendré, étaient d'une couleur grisâtre comme la robe des âmes du purgatoire du Dante peinte dans le campo Santo de Pise.

Si l'on étudie attentivement l'acte d'accusation lu par Fouquier-Tinville, on trouvera qu'il n'est que le résumé en style révolutionnaire des libelles publiés pendant les grandeurs de la reine. Ceux qui écrivent des pamphlets en riant ne savent pas souvent le mal qu'ils préparent : ils tuent la vie et la renommée des plus nobles créatures de Dieu. Herman, qui présidait le tribunal révolutionnaire, ancien oratorien, fanatique d'opinion, résuma les débats avec des façons d'impartialité [1] : on dirait presque une ironie. « Citoyens jurés, le peuple français, par l'organe de l'accusateur public, a accusé devant le jury national Marie-Antoinette d'Autriche, veuve de Louis Capet, d'avoir été la complice, ou plutôt l'instigatrice de la plupart des crimes dont s'est rendu coupable ce dernier tyran de la France ; d'avoir eu elle-même des intelligences secrètes avec les puissances étrangères, notamment avec le roi de Bohême et de Hongrie son frère, avec les ci-devant princes français, avec des généraux perfides ; d'avoir fourni à ces ennemis de la république des secours en argent, et d'avoir conspiré avec eux contre la sûreté intérieure et extérieure de l'État. Un grand exemple est donné en ce jour à l'univers, et sans doute il ne sera pas perdu pour les peuples qui l'habitent. La nature et la raison, si longtemps outragées, sont enfin satisfaites : l'égalité triomphe. Depuis 1789, dit-il, des sommes énormes ont été dépensées à la cour pour des fêtes dont

---

1. Amar, qui fut chargé de suivre la partie secrète du procès de la reine, était un ancien avocat très-distingué au parlement, et trésorier de France.

Marie-Antoinette était toujours la déesse ; un bon de 60 à 80 mille livres, signé Marie-Antoinette, et tiré sur Septeuil, a été donné à la Polignac, alors émigrée, et une lettre de Laporte recommande à Septeuil de ne point laisser la moindre trace de ce nom. Je finis par une réflexion générale. C'est le peuple français qui accuse Marie-Antoinette ; tous les événements politiques qui ont eu lieu depuis cinq années déposent contre elle : 1° Est-il constant qu'il ait existé des manœuvres et intelligences avec les puissances étrangères et autres ennemis extérieurs de la république? 2° Marie-Antoinette, veuve de Louis Capet, est-elle convaincue d'avoir coopéré à ces manœuvres et d'avoir entretenu ces intelligences? 3° Est-il constant qu'il a existé un complot et conspiration tendant à allumer la guerre civile dans l'intérieur de la république ? 4° Marie-Antoinette d'Autriche, veuve de Louis Capet, est-elle convaincue d'avoir participé à ce complot et conspiration? » Ces questions posées dans la forme la plus régulière, Herman se leva et prononça ces paroles magistrales : « Si ce n'étaient pas des hommes libres et qui, par conséquent, sentent toute la dignité de leur être, qui remplissent cet auditoire, je devrais peut-être leur rappeler qu'au moment où

la justice nationale va prononcer ; la loi, la raison, la moralité leur commandent le plus grand
calme ; que la loi leur défend tout signe d'approbation, et qu'une personne, de quelques
crimes qu'elle soit couverte, une fois atteinte
par la loi, n'appartient plus qu'au malheur et à
l'humanité. »

Le verdict fut unanime. Barrère dit, à l'occasion
du jugement de la reine : « Nous coupons aujourd'hui un des nœuds les plus difficiles de la
diplomatie européenne. » Barrère faisait allusion
aux négociations secrètes alors engagées par le
comité de salut public avec la Prusse, dont la
condition première était la rupture de l'alliance
de 1756. Le comité de salut public n'avait jamais cessé d'avoir les yeux fixés sur la Prusse,
pour en faire même une alliée.

L'attitude de Marie-Antoinette durant cette
longue agonie du Temple à la Conciergerie fut
admirable de dignité et de résignation : la reine
possédait un indicible attrait pour attirer vers
elle tous les cœurs. A travers les périls aux-
quels on s'exposait, elle trouva des amitiés,
des dévouements, et de fidèles serviteurs cachè-
rent dans un œillet une lettre qui indiquait
les moyens de la sauver. Elle aimait tant les
fleurs, à Trianon et dans les plates-bandes de

Saint-Cloud! On se servait d'un œillet pour préparer sa délivrance [1].

Le testament de la reine est plein de souvenirs : elle envoie un dernier adieu à ceux qui l'ont aimée ; et sans doute sa pensée volait à Vienne, vers la noble Yolande de Polignac : « J'avais des amis ; l'idée d'en être séparée pour jamais, et leurs peines, sont un des plus grands regrets que j'emporte en mourant. Qu'ils sachent que jusqu'à mon dernier moment j'ai toujours pensé à eux. » La reine prenait la mort pour une expiation de ses fautes, fautes bien légères à son temps de puissance, de joie et de plaisir : « Je demande sincèrement pardon à Dieu de toutes les fautes que j'ai pu commettre depuis que j'existe. J'espère que dans sa bonté il voudra bien recevoir mes derniers vœux, ainsi que ceux que je fais depuis longtemps pour qu'il veuille bien recevoir mon âme dans sa miséricorde et sa bonté. » Ainsi parlait la reine de France avec une pieuse modestie : elle ne jetait au monde aucune de ces déclamations orgueilleuses de Mme Rolland, elle n'avait pas la vanité d'héroïne républicaine de Charlotte Corday ; elle mourait en grande dame, avec la dignité polie

1. Le municipal Michonis paya de sa tête la complicité dans l'affaire de l'œillet de la reine.

des gens bien élevés : sur l'échafaud, elle gardait sa politesse même avec le bourreau, à ce point qu'elle lui demanda pardon de lui avoir marché sur le pied. Autour de la fatale charrette grouillait cette troupe de furies qui poussait d'abominables cris, l'écho des pamphlets autrefois écrits contre la reine. Ces pamphlets lus, répétés, formaient une de ces croyances populaires qui s'effacent lentement. Durant tout le règne de Louis XVI, on avait imprimé contre la reine les plus infâmes accusations. On avait dit qu'elle avait apporté dans sa brillante corbeille de mariage toute couverte de roses, les couleurs d'Autriche et de Lorraine, et qu'elle en représentait les intérêts ; on avait dit qu'entraînée par de trop vives amitiés, elle avait tout sacrifié à la famille de son amie la duchesse de Polignac ; on avait dit que sous l'influence du caractère impératif de la reine, Louis XVI obéissait à toutes ses inspirations, et qu'elle s'était faite ainsi l'ennemie du peuple.

Cette opinion existait à l'état de croyance parmi les classes les plus abjectes, et celles qu'on appelait les tricoteuses, les furies de la guillotine, s'en faisaient l'écho sanglant. Il ne faut pas accuser le peuple de ces excès, mais les écrivains qui le corrompent. L'École matérialiste du dix-huitième siècle avait préparé les voies ; la multitude était tout empreinte des doctrines d'Holbach et d'Helvétius : la mort était un sommeil, les rois des monstres dans l'ordre naturel, les prêtres des imposteurs. De ces idées aux excès sanglants il n'y a pas bien loin. Il a fallu un long travail, la publication des lettres de la reine, pour briser cette fausse opinion que les pamphlets avaient répandue. La vie de Marie-Antoinette peut maintenant se résumer ainsi : jeune archiduchesse parfaitement élevée par sa mère, elle avait cru plaire à la France en acceptant les plaisirs, le caractère chevaleresque de la nation ; elle fut rieuse, charmante, avec cet esprit léger qui courait après les distractions de comédie et de bal ; sentimentale, aimante, à la manière des idylles de Gesner, elle chercha la simplicité de cœur et d'amitié, et se voua toute entière à la duchesse Yolande de Polignac. D'abord la reine se créa de nombreux ennemis : elle fut épiée dans ses moindres démarches, décriée dans ses affections et ses mœurs. Mère de famille, elle devint plus grave ; quand les périls commencèrent pour la royauté, elle essaya de rappeler au cœur du roi la fermeté, le courage ; elle eût accepté avec transport le rôle de Marie-Thérèse, mais elle fut toujours arrêtée par un sentiment : le respect profond pour le roi et la crainte de compromettre ses enfants. Cette lutte finit à la journée du 10 août. Du Temple à la Conciergerie, elle ne fut plus qu'une captive, avec une si grande douceur, une résignation céleste qui dominèrent les cœurs. Une jeune fille qui la servit dans son cachot, Rosalie Lamorlière, donne de tristes et doux témoignages sur les derniers moments de Marie-Antoinette. Pour donner place à ce touchant récit, je reviens sur les temps.

Rosalie Lamorlière, née à Breteuil, en Picardie, alors à vingt ans, était entrée au service de la femme du geôlier Richard, chargé des prisonniers de la Conciergerie, femme attentive, très-propre, autrefois marchande à la toilette. « Le 1er août 1793, raconte Rosalie, Mme Richard me dit à l'oreille : « Cette nuit, nous ne nous « coucherons pas ; vous dormirez sur la chaise : « la reine va être transférée du Temple dans « cette prison. » M. de Custine, qui occupait la chambre destinée à la reine, fut placé dans une autre partie de la Conciergerie. Le tapissier de la prison apporta un lit de sangle, deux matelas, deux traversins, une couverture légère, une cuvette en faïence ; on y ajouta deux chaises et une table commune à la prison. Là fut tout le mobilier qu'on destinait à la reine, la fée des élégances de Versailles et de Trianon. Vers les trois heures du matin, on annonça l'arrivée de la royale captive. On était en plein mois d'août, la chaleur était excessive : le jour commençait à poindre lorsque la reine fut amenée dans cette chambre, déjà toute remplie de gens d'armes et d'administrateurs de la police. « Je remarquai, dit la jeune servante, que des gouttes de sueur découlaient sur le visage de la princesse ; elle s'essuya deux ou trois fois avec son mouchoir ; ses yeux contemplèrent avec étonnement la nudité de cette chambre. Après quoi la reine, montant sur un tabouret de soie que je lui avais apporté de ma chambre, suspendit sa montre à un clou et commença à se déshabiller pour se mettre au lit. Je m'approchai respectueusement et lui offris mes soins. « Je vous remercie, ma « fille, répondit-elle sans aucune humeur ni « fierté ; depuis que je n'ai plus personne, je me « sers moi-même. »

Ainsi dura ce service pendant quarante jours, monotone, sans aucun incident. Un épisode vint secouer la triste captivité. Le concierge avait amené son petit garçon, enfant blond aux yeux bleus, de l'âge du dauphin ; la reine le prit dans ses bras, l'accabla de caresses, en le baignant de ses larmes. Ce doux incident précéda de quel-

ques jours l'affaire de l'œillet. L'officier municipal Michonis avait introduit sous un déguise-
sement M. de Rougeville, qui laissa tomber la
fleur mystérieuse aux pieds de la reine : elle se
baissa pour la ramasser. Ce fut un grave événement. Rosalie assista, témoin oculaire, aux accès
de la colère de Fouquier-Tinville. Le concierge
de la prison fut changé ; on y plaça Lebeau, le sur-
veillant qui approchait grossièrement de la reine
en veste carmagnole : Rosalie demeura dans
son service, « Un jour, la reine ôtant son bonnet
de nuit me dit, avec un ton de voix aimable :
« Rosalie, vous allez faire aujourd'hui mon chi-
« gnon. » En entendant ces paroles, le concierge
accourut, se saisit du démêloir et dit tout haut en
me repoussant : « Laissez, laissez, c'est à moi de
« le faire. » Marie-Antoinette, regardant Lebeau
avec un air de majesté impossible à dépeindre :
« Je vous remercie, je le ferai moi-même. » Sa
coiffure était des plus simples : elle partageait ses
cheveux au-dessus du front, après y avoir mis un
peu de poudre embaumée ; son goût pour les fleurs
était une véritable passion ; nous en mettions
de temps en temps un bouquet sur une table de
chêne. La reine mangeait avec assez d'appétit ;
elle coupait sa volaille en deux, elle découvrait
les os avec une facilité et un soin incroyables ;

elle ne laissait guère de légumes, qui lui faisaient un second plat. »

Ce récit de la pauvre servante en face d'une reine autrefois si grande est d'autant plus curieux qu'elle fut le seul témoin des derniers jours de Marie-Antoinette. Le 12 octobre, date néfaste, les juges du tribunal révolutionnaire vinrent lui faire subir son premier interrogatoire : ils la réveillèrent deux heures après son coucher. L'interrogatoire dura longtemps ; et lorsque la jeune servante vint pour faire son lit, elle la trouva se promenant avec rapidité dans sa petite cellule. Le 15, dès huit heures du matin, réveillée en sursaut, elle montait au tribunal ; et, comme dit Rosalie, « ce jour-là, je ne lui avais porté aucune espèce de nourriture, il est à croire qu'ils la firent monter à jeun. Dans la matinée, j'entendis quelques personnes qui s'entretenaient de l'audience ; elles disaient : « Marie-Antoinette s'en tirera : elle a répondu « comme un ange ; on ne fera que la déporter. » Vers les quatre heures après midi, le concierge me dit : « La séance est suspendue pour trois « quarts - d'heure ; l'accusée ne descend pas ; « montez vite du bouillon. » Je pris à l'instant une excellente soupe que je tenais en réserve sur mon fourneau, et je montai vers la princesse.

Lorsque j'arrivai dans la salle, un des commis-
saires de police, nommé Labruyère, sec et ca-
mard, m'arracha la soupe des mains, et la donnant à sa maîtresse, extrèmement parée, il me
dit : « Cette jeune femme a bien envie de voir la
« veuve Capet : c'est une charmante occasion pour
« elle. » Et cette femme aussitôt s'éloigna, portant
le potage à moitié répandu. J'eus beau prier, sup-
plier Labruyère ; il était tout-puissant. Que dut
penser la reine en recevant la soupière des mains
d'une autre personne qu'elle ne connaissait pas. »

Ce fut vers quatre heures du matin, le 16 octobre, que la pauvre Rosalie apprit que la reine
était condamnée : elle sentit comme si une épée
lui traversait le corps. A sept heures, elle descendit dans le cachot de la reine ; elle la trouva toute
vêtue de noir, étendue sur son lit : elle versait des
larmes en abondance. Rosalie lui demanda si elle
voulait prendre quelque nourriture, et lui dit :
« qu'elle avait tout prêt du vermicelle. — Ma fille,
tout est fini pour moi ; je n'ai besoin de rien. » Se
ravisant ensuite, la reine dit : « Rosalie, apportez-
moi un bouillon. » La bonne fille allait le chercher,
lorsqu'elle apprit que le comité avait ordonné
qu'on lui refusât toute espèce de nourriture. Au
jour venu, vers huit heures, Rosalie descendit pour
l'aider à s'habiller ; elle passa dans la petite ruelle

entre le lit de sangle et la muraille, et lui fit signe de se placer devant l'officier de gendarmerie, afin qu'il ne pût l'apercevoir. La reine se baissa, tira sa robe et changea de linge pour la dernière fois. L'officier s'étant approché du traversin suivait tous les mouvements de la victime. La reine, baissait les yeux, et d'un ton doux et charmant, elle dit à ce brutal : « Au nom de l'honnêteté, permettez que je change de linge sans témoins. » L'officier répondit rudement : « J'ai ordre de ne pas vous quitter de vue. » Alors la reine jeta un fichu sur ses épaules ; à sa robe de deuil, elle substitua un peignoir blanc qu'elle portait le matin, avec un grand fichu de mousseline qu'elle croisa sous le menton ; elle avait sur sa tête un simple bonnet de linon, sans marque de deuil, et à ses petits pieds de jolis souliers de princesse. C'est ainsi que Rosalie vit pour la dernière fois la reine captive, qui montait une heure après sur l'échafaud[1].

1. Le récit de Rosalie Lamorlière se trouve aux pièces justificatives du mémoire secret de M. Lafont d'Auxone.

XVI

MORT DE LA DUCHESSE DE POLIGNAC A VIENNE.

L'ÉMIGRATION. — L'ARMÉE DE CONDÉ. — LOUIS XVIII.

LE COMTE D'ARTOIS·

LES FILS DE MADAME DE POLIGNAC.

LE VÉRITABLE CARACTÈRE DE LA CONJURATION DE GEORGES

MM. DE POLIGNAC SOUS LE PREMIER EMPIRE.

(1793-1813.)

XVI

MORT DE LA DUCHESSE DE POLIGNAC A VIENNE. — L'ÉMIGRATION. — L'ARMÉE DE CONDÉ. — LOUIS XVIII, LE COMTE D'ARTOIS. — LES FILS DE MADAME DE POLIGNAC. — LE VÉRITABLE CARACTÈRE DE LA CONJURATION DE GEORGES. — MM. DE POLIGNAC SOUS LE PREMIER EMPIRE.

(1793-1813.)

Il est des liens mystérieux que la science n'a pas pénétrés. Lorsque de deux êtres tendrement épris, l'un disparaît de la vie, l'autre le suit par une sorte d'appel de la tombe. Cette télégraphie de la mort passe à travers les voies, les chemins avec une fatale activité. Le 9 décembre 1793, cinquante jours après l'exécution de la reine, la duchesse Yolande-Gabrielle de Polignac mourut à Vienne dans les sentiments d'une grande piété.

Elle avait écrit quelques nobles pensées à l'adresse de la souveraine qu'elle avait tant aimée. On lui cachait avec soin les tortures de sa royale amie : dans ses promenades à Schœnbrun, elle s'arrêtait à tous les lieux qu'avait visités l'archiduchesse enfant; elle les comparait avec les souvenirs de Trianon. On dissimula tant qu'on put l'horrible catastrophe. Elle la devina quand elle vit la cour de Vienne en deuil et les archiduchesses en pleurs. Le duc Melchior de Polignac quitta l'Autriche pour prendre du service en Russie. Il reçut de Catherine II de grandes terres en Ukraine. Les deux fils de la duchesse, Armand et Jules de Polignac, s'attachèrent à la personne du comte d'Artois.

L'émigration alors se partageait en trois branches. Le prince de Condé commandait la partie militaire et avec lui le duc d'Enghien, son fils. Cette armée se composait de braves gentilshommes servant comme cadets et simples soldats dans les régiments avec une résignation et une valeur incomparables [1]. Les deux cabinets de Berlin et de Vienne qui, à l'origine de la coalition, avaient plutôt l'idée de conquête dans les Flandres, la Lorraine et l'Alsace, que le désir

---

1. Le triomphe définitif de la Révolution française n'a jamais permis qu'on rendît justice à l'armée de Condé.

d'une restauration de la famille royale, n'employaient qu'avec méfiance l'armée de Condé. Le vieil esprit de la chevalerie était mort en Europe. Les gentilshommes ne se prêtaient plus la main ; les beaux succès des armes républicaines vinrent étonner, effrayer les cabinets. On voulut à tout prix dissoudre l'armée du prince de Condé, qui pouvait être un obstacle à la paix. La Prusse avait déjà négocié à Bâle, et l'Espagne à son tour signait son traité avec la nouvelle république. L'armée du prince de Condé dut passer au service de l'Angleterre et de la Russie.

La seconde branche de l'émigration, sous le comte d'Artois avec les comtes Armand et Jules de Polignac, avait jugé les ambitions et la politique de l'Europe. En face de la république, il n'y avait plus de place pour l'esprit d'une restauration. Son Altesse Royale vint se réfugier en Angleterre, où dominait le génie de sir William Pitt. Assurément, Pitt n'était pas un fanatique de restauration : L'Angleterre admettait les révolutions, le régicide même. Le *warrant* pour l'exécution de Charles Ier n'était-il pas signé par les lords Temple, Grey, et même par un ancêtre de Chatam[1], on pouvait même dire sans scrupules :

1. L'original de ce warrant existe encore avec le scel des juges. Lord Temple était parmi les aïeux de lord Palmerston.

mais avec une grande sagacité, M. Pitt avait jugé qu'après le développement de force et de gloire que prenait la République française, l'équilibre européen était brisé ; la Hollande, l'Espagne étaient soumises à son influence. Depuis Louis XIV, rien de plus terrible, plus menaçant pour la suprématie anglaise que cette guerre que le comité de salut public faisait à l'Angleterre.

En débarquant à Londres, M. le comte d'Artois et ses amis se lièrent à un parti d'émigrés français qui voulait se placer résolûment à la tête d'une brave troupe de volontaires de la Vendée, de la Normandie, de la Guyenne, pour lutter les armes à la main contre la république. Rien de plus légitime : deux partis s'attaquaient ; on l'avait vu en Angleterre après la chute des Stuarts ; les prétendants Jacques II, le prince Edouard l'avaient essayé sous Louis XIV et sous Louis XV, en Irlande, en Écosse, etc. Ce plan était celui des cœurs résolus. L'expédition de Quiberon, environnée de trahison, de défection, échoua[1]. Le comte d'Artois et ses amis, désormais, se fixèrent en Angleterre, toujours avec le même dessein d'attaquer par les armes le gouvernement de la République.

1. Des régiments de prisonniers qu'on avait enrôlés, passèrent aux républicains.

Monsieur , comte de Provence , devenu Louis XVIII par la mort de Louis XVII au Temple, menait la troisième branche de l'émigration. Esprit à négociation, Louis XVIII pensait que, tôt ou tard, les partis, fatigués, viendraient à lui pour se placer sous la royauté constitutionnelle et la paix. La Révolution s'organisait sous le gouvernement du Directoire. On a trop sévèrement jugé ce conseil des cinq directeurs qui fit la guerre, la paix, la conquête, les campagnes d'Allemagne, d'Italie, d'Égypte, imposa son alliance à la Hollande, à l'Espagne, et l'Italie. La société du Directoire, composée d'hommes élégants, sensuels, fut le dernier reflet du règne de Louis XV, et quasi la Régence de la République. Le comte de Barras régnait au Luxembourg, chassant à Gros-Bois avec ses meutes splendides et ses repas souverains. M. de Talleyrand, ministre des relations extérieures, menait la vie du duc de Choiseul. Louis XVIII pensait qu'on pourrait s'arranger avec ces grands seigneurs et couronner l'édifice de la constitution de l'an III par la royauté ; faire des deux conseils (les Anciens et les Cinq-Cents) les deux chambres des pairs et des députés ; il n'y avait plus qu'à substituer un roi au Directoire et des secrétaires d'État responsables aux ministres de la République. Tel fut l'objet des négociations avec le comte de Barras, qui échouèrent par le coup d'État du 18 brumaire et la création du Consulat. Le général Bonaparte, à la tête du gouvernement, se substituait au comité de salut public, c'est-à-dire au pouvoir le plus absolu : le consulat comprimait vivement les partis. Louis XVIII essaya de négocier avec le premier consul par la duchesse de Guiche, l'amie des Beauharnais, femme bien née, d'un esprit charmant et modéré. Les offres splendides furent écoutées puis refusées [1].

Le comte d'Artois ne s'était pas associé à ces négociations ; mais quand le premier consul voulut se faire empereur au milieu des mécontentements d'une fraction de l'armée et des anciens partis, ce prince concerta une entreprise hardie qui tenait à l'esprit chevaleresque. Des informations venues de Paris annonçaient que le premier consul sortait toujours accompagné de trente guides autour de sa voiture. Il fut décidé à Londres que trente Bretons, Vendéens, conduits par l'intrépide Georges [2] Cadoudal, se rendraient à

1. Louis XVIII n'abdiqua jamais sa dignité au milieu de ces négociations.
2. Georges a été mal jugé : on a suivi les notions de la police impériale au lieu de l'histoire réelle.

Paris pour y attendre le moment favorable d'attaquer cette garde, homme pour homme, comme le combat des trente Bretons contre les trente Anglais des annales de l'ancienne chevalerie. Georges se réservait de croiser l'épée en personne avec le premier consul. Sur l'ordre du comte d'Artois, ses trois aides de camp Armand, Jules de Polignac et le marquis de Rivière, ancien officier aux gardes françaises, durent se rendre à Paris pour examiner les événements, attendre le résultat du combat et en faire profiter la cause royale.

Ce projet hardi, mais loyal, des royalistes, échoua avant son exécution. Georges et ses camarades étaient déjà environnés, lorsque le général Pichegru et le duc Melchior de Polignac arrivèrent à Paris. Le comte Jules n'y vint que quelques jours après, sans reculer devant les périls. On était au mois de janvier 1804, Paris regorgeait de troupes et de police : à chaque pas des postes de surveillance; et le jeune Jules de Polignac, alors à vingt-deux ans, errait dans les quartiers sans asile pour reposer sa tête. A chaque coin de rue il entendait les paroles des crieurs sinistres qui annonçaient l'arrestation *du brigand*, et à cette ignoble épithète on ajoutait le nom illustre de Polignac. En temps de partis, on est brigand quand on s'insurge contre l'ordre établi. En vain demandait-il un asile même à prix d'or : on ne l'écoutait pas. Le consulat, tradition du comité de salut public, avait publié un décret qui punissait de mort ceux qui donnaient un abri aux brigands. Il fallait entendre le prince de Polignac raconter lui-même ses longues pérégrinations de nuit au milieu de Paris, criblé de patrouilles, tantôt perdu dans les rues étroites et tortueuses, tantôt en face des hôtels brillamment illuminés où se célébrait l'avénement de l'Empereur. Il y avait bal aux affaires étrangères chez le prince de Talleyrand. Jules de Polignac se mêla parmi la foule de curieux qui regardaient, ébahis, les beaux équipages et les splendides toilettes. Enfin il fut arrêté avec le marquis de Rivière, son compagnon d'infortune et son ami[1].

Le procès de Georges Cadoudal, de Pichegru, des Bretons et de MM. de Polignac, a été défiguré par les écrivains de partis ; il présenta un splendide spectacle d'énergie, de courage, de dévouement. Georges et ses Bretons ne démentirent pas un seul moment leur nature primitive ; ils se raillaient de leur juge et de la mort. Le marquis de Rivière, le brave officier aux gardes,

---

1. Le prince de Polignac a dicté lui-même des souvenirs dans un livre intitulé *Ham*.

ne cessa de manifester sa noble fidélité. Le président lui demanda s'il reconnaissait le portrait du comte d'Artois qu'on avait saisi sur lui. Le marquis de Rivière demanda à le voir, puis, l'embrassant avec tendresse, il le rendit au président avec ces paroles : « Croyez-vous que je ne le reconnaissais pas? Mais je voulais le baiser une dernière fois. » Le lien de tendresse fraternelle entre les deux frères Polignac émut tous les cœurs. Le comte Jules, tout jeune homme et peu compromis, s'écriait dans une noble exaltation : « Je suis coupable comme mon frère; s'il faut un exemple, choisissez-moi, je suis seul sur la terre; mais mon frère Melchior est père de famille, et sa mort ferait un vide immense. » A l'aspect de ce beau dévouement, des sanglots éclatèrent dans tout l'auditoire[1].

Il résulta de ce procès la conviction pour tous que Georges et ses compagnons de la forte et honnête race bretonne étaient tout à fait étrangers à la machine infernale, œuvre abominable, je le répète, de misérables enfants perdus du parti. Ce qu'ils avaient entrepris, c'était une lutte corps à corps, sabre contre sabre; ils furent tous condamnés à mort. Ils ne murmurèrent

---

1. Cette scène est rapportée dans le plaidoyer de M. de Martignac pour le prince de Polignac.

pas ; ils avaient essayé une grande aventure, ils échouaient. Leur sort était de mourir agenouil-lés devant Dieu. Le marquis de Rivière obtint, par la douce intervention de Joséphine, une commutation de peine. Le duc Melchior dut subir la prison perpétuelle ; le comte Jules deux années d'emprisonnement. Ils furent détenus au Temple et à Vincennes. En 1810, quand l'empire était dans sa force et sa magnificence, MM. de Polignac obtinrent une maison de santé pour prison.

Étrange séjour qu'une maison de santé aux derniers temps de l'empire. De là sortaient les projets les plus hardis de renversement. Ce fut dans une de ces maisons de santé que fut conçue la conspiration du général Mallet, le plan le mieux raisonné, le plus réfléchi que présente l'histoire, et à laquelle les royalistes devaient s'associer. Le général Mallet était parti d'une idée très-rationnelle, parfaitement étudiée. L'empire, malgré les efforts de son glorieux fondateur, n'était qu'une œuvre viagère ; rien n'était solide autour de lui ; la force motrice disparaissant de la scène, tout cet édifice si laborieusement élevé croulerait. Napoléon avait voulu faire de la monarchie stable, il n'avait produit qu'une dictature brillante. Cette faiblesse de la base, avec tant de force au sommet, parut dans toute sa nudité lors de la conspiration de Mallet. La fausse nouvelle que l'Empereur était mort avait produit un tel évanouissement des âmes, que nul n'avait songé au principe d'hérédité qui appelait le roi de Rome.

Durant ce brillant empire, Trianon ne fut point oublié. Nul des pouvoirs qui avait régné sur la France n'avait osé regarder en face Versailles. Le comité de salut public voulut en faire l'École de Mars, le directoire, pouvoir besogneux, avait dessein de le vendre et de le morceler. Napoléon, très-puissant, n'osa pas y fixer son séjour, moins pour lui-même que pour sa cour, si petite, si bourgeoise, même avec ses puériles étiquettes à côté de celle de Louis XIV. Mais il avait pris goût pour Trianon; il en avait modifié les appartements intérieurs; plusieurs fois il avait signé ses décrets du palais de Trianon. Il s'y retira lorsqu'il résolut son divorce avec l'impératrice Joséphine. Après son grand mariage avec Marie-Louise, il y conduisit plus d'une fois l'archiduchesse, qui y recherchait avec une douloureuse curiosité les souvenirs de sa tante Marie-Antoinette. Un vieux jardinier lui racontait ses moindres petites actions, ses promenades simples et matinales. Il lui montrait les arbres qu'elle avait plantés, le saule pleureur, la laiterie, le moulin,

le temple de l'Amour qu'elle visitait avec Gabrielle de Polignac. Ces causeries ne déplaisaient
pas à Napoléon, qui aimait les souvenirs de l'ancien régime; seulement il en savait les fautes,
et, pouvoir né de la révolution, il savait comment on les évite par la répression énergique.

XVII

LE PRINCE DE POLIGNAC SOUS LA RESTAURATION.

SA VIE. — SA POLITIQUE.

SON MINISTÈRE. — SA CAPTIVITÉ A HAM ET A VINCENNES.

RÉVOLUTION DE 1830.

XVII

LE PRINCE DE POLIGNAC SOUS LA RESTAURATION. — SA
VIE. — SA POLITIQUE. — SON MINISTÈRE. — SA CAP-
TIVITÉ A VINCENNES ET A HAM. — LA RÉVOLUTION
DE 1830.

L'événement politique qu'avait tant souhaité
le comte (depuis prince) Jules de Polignac, et
pour lequel tant de fois il avait exposé sa vie, la
restauration de la maison de Bourbon s'accom-
plissait. Le comte de Polignac avait rejoint le
comte d'Artois, son prince bien aimé[1], tandis
qu'à la suite de l'invasion qu'avaient amenée les
ambitions de l'empereur, on formulait à Paris,
les conditions d'un nouveau gouvernement :
M. de Talleyrand et le Sénat, maîtres des destinées de la France, appelaient Louis XVIII

1. En mars 1814, dans la Franche-Comté.

comme roi constitutionnel des Français[1]. M. le comte d'Artois, lieutenant-général du royaume, prince aimable et gracieux, le gentilhomme de Trianon gagna tous les cœurs par quelques spirituelles paroles. Le prince Jules de Polignac eut mission de se rendre dans les provinces du Midi pour annoncer la restauration et organiser les nouvelles autorités. Il y apporta toute son ardeur royaliste, avec un sentiment d'honnêteté chevaleresque et de modération.

Bientôt Louis XVIII vint prendre la direction du gouvernement et le pouvoir du lieutenant-général du royaume dut cesser. M. le comte d'Artois fut mis à la tête des gardes nationales, alors très-royalistes, et le comte Jules de Polignac resta son aide de camp, chef de l'état major. Le nouveau roi qui avait conservé son esprit libéral donna la charte, l'expression d'une constitution généreuse avec les plus grandes garanties. Ces actes d'une facilité peut-être imprudente n'obtinrent pas l'absolue approbation des chefs du parti royaliste; ils y virent une de ces faiblesses qui avaient poussé Louis XVI à sa perte; et l'ancienne opposition du petit Trianon se retrouva au pavillon Marsan.

1. Louis XVIII n'accepta pas ce titre. Voir mon travail *sur la Restauration*.

Les cent-jours vinrent prouver que les prévisions des royalistes étaient justes ; les partis ne se corrigent pas ; on les réprime, on ne les gagne jamais ! Les patriotes restèrent ce qu'ils étaient avec leurs souvenirs et même la glorification de leurs excès ; la révolution devint une idole qu'il fallut encenser sous peine d'être un *ultra*. Waterloo accomplit d'une façon terrible la chute du parti Impérialiste, uni aux Jacobins dans les cent-jours. Il en résulta un redoublement de force et d'énergie parmi les royalistes et sous cette impression arriva la chambre de 1815, ardente et dévouée. Avec l'appui de cette majorité, la monarchie aurait pu se relever dans des conditions fermes et durables. Telle était l'opinion de M. le comte d'Artois et de ses amis. Le roi n'accepta pas ces idées ; dès lors le prince de Polignac fut presque en disgrâce auprès de Louis XVIII qui n'avait jamais aimé la reine, ses amis et le comité du petit Trianon. La garde nationale fut modifiée, le comte d'Artois donna sa démission et ses amis formèrent une opposition au gouvernement libéral du roi.

Louis XVIII par tempérament et par quelque rancune d'ancien régime contre les amis de la reine, développa le principe de son gouvernement constitutionnel au milieu des embarras et des faiblesses d'un juste milieu incertain ; mais les excès de la presse, les conjurations répétées, quelques élections hostiles à la dynastie le forcèrent à demander secours aux royalistes, d'où naquit le ministère habile de M. de Villèle [1] un des hommes d'État le plus considérable : il n'aimait pas le prince de Polignac, mais il s'aperçut bientôt qu'il ne pouvait se passer de son appui et après quelques missions secondaires, il lui confia l'ambassade de Londres [2] afin d'éloigner le chef des royalistes. Ce fut durant cette ambassade sérieuse qu'il s'opéra dans l'esprit du prince de Polignac une véritable transformation. L'aspect de l'Angleterre est si imposant ! Une chambre des lords héréditaire composée de toutes les aristocraties du pays, un parlement qui s'occupe des grandes affaires au milieu des luttes politiques, qui jamais ne s'élèvent jusqu'à la couronne ; il espérait, si un jour le roi l'appelait au ministère, en France, constituer une forte aristocratie qui pourrait lutter contre la révolution : ce point de départ était haut, mais le prince n'avait pas assez tenu

1. Décembre 1822. M. de Villèle fonda le grand crédit en France.
2. En 1825.

compte des morcellements, des jalousies démocratiques, des forces passionnées, ardentes d'un
parti de renversement.

Charles X couronné roi, le crédit du prince
de Polignac grandit : comme politique extérieure ce prince, à Londres, avait suivi une ligne
ferme et nationale, il avait été un des promo-
teurs et des signataires du traité pour l'émancipation de la Grèce et l'occupation de la Morée;
sa pensée, dominante, c'était la direction de la
politique de la France. Charles X, après avoir
essayé le ministère généreux et libéral de M. de
Martignac[1] succombant sous des attaques insen-
sées, appela le prince de Polignac aux affaires;
c'était son droit constitutionnel : les chambres
devaient attendre les propositions de la couronne
pour les discuter : il n'en fut rien. En vain M. de
Polignac proposait les mesures les plus libé-
rales; en vain, soutenait-il l'honneur de la
France en portant notre drapeau victorieux à
Alger; la presse, les partis dans la chambre
étaient déchaînés jusqu'à la fureur : il semblait
que le nom de Polignac dût être proscrit de la

---

1. Tout jeune homme, l'auteur s'associa à ce système et le
défendit avec dévouement, c'est dans cet esprit qu'il écrivit
l'*Histoire de la Restauration*, dont les premières éditions portaient le pseudonyme d'un *homme d'État*.

politique; on se rappelait. Trianon. Si les 221 votants de l'adresse menaçante pour le roi Charles X voulaient une révolution, ils étaient logiques; s'ils espéraient conserver la dynastie, ils étaient insensés. Après une provocation si peu méritée, il était évident qu'une lutte devait s'engager suprême et fatale. Si l'on examine aujourd'hui les ordonnances de Juillet sur la presse, on peut remarquer que les lois actuelles en ont accepté, exagéré même les dispositions : l'autorisation préalable, la suspension, la suppression du journal par voie administrative. Les ordonnances de Juillet n'avaient pas même essayé les mesures qu'on a réalisées sur le timbre des brochures, le colportage, seulement il y a aujourd'hui un pouvoir qui veut fortement gouverner. L'article 14 de la charte, au reste, justifiait légalement les mesures de sûreté générale, seulement le gouvernement du prince de Polignac manquait de nerf, de force, il ne sut ni prévenir ni comprimer. En matière de coups d'État, il n'y a que les pouvoirs nés de la souveraineté du peuple qui sachent et peuvent en faire. Derrière les barricades hideuses on vit encore apparaître au milieu des fils des Cordeliers, des Jacobins, des Dantonistes, ce gentilhomme, l'hôte d'abord de Trianon, puis son ennemi,

M. de Lafayette que l'âge n'avait pas corrigé. Avec des formes charmantes, il fut implacable ; il avait souri au peuple du 14 octobre à Versailles, ce peuple il le retrouvait à l'Hôtel-de-Ville en 1830, et il sourit encore à ses guenilles victorieuses. La monarchie de Charles X tomba. M. de Polignac arrêté avec les autres ministres fut traduit devant la cour des pairs et admirablement défendu par le loyal et noble vicomte de Martignac : les cris de mort se firent encore entendre contre le prince Jules, comme autrefois ils avaient éclaté contre la duchesse Yolande de Polignac, l'amie de la reine. Rien ne change en ce monde : la cour des pairs sous la pression de la multitude, condamna le prince de Polignac à la prison perpétuelle : la captivité semblait sa destinée ! De Vincennes où il était enfermé, le prince Jules écrivit une admirable lettre, expression de sa philosophie et qu'on ne saurait trop admirer [1]. « Le jugement unique dans nos annales révolutionnaires, disait-il, que la cour des pairs a rendu contre moi, qui, j'espère, ne trouvera plus d'imitations dans nos discordes civiles, m'oblige, mon cher Vertamy (c'était son avocat conseiller), à vous prier de guider la princesse sur ce

1. Cette lettre autographe a été publiée dans l'ouvrage intitulé *Ham*, 1830 1837.

qu'elle doit faire, car il me semble que l'article 25 du code civil prescrit quelques règles à suivre; je préfère qu'elle ne vienne pas à Vincennes de quelques jours, il faut attendre que l'irritation vraie ou excitée qui agite en ce moment la capitale soit calmée. Dites-lui bien qu'elle ne s'afflige pas de ce qui vient de se passer; elle me connaît et elle sait qu'une âme trempée par trente années d'adversités ne se laisse pas abattre pour une infortune de plus, surtout quand le droit ne meurt pas; un roi de notre antique monarchie nous l'a dit, et les rigueurs du code pénal n'ont point de prise sur ce sentiment. Répétez donc à la princesse, qu'elle prenne courage; au reste, j'en aurai pour deux. Je désirerais seulement être transféré dans un lieu où je puisse être à même de faire un peu d'exercice, et où il me soit permis d'avoir ma femme et mes enfants auprès de moi, les seules consolations qui me restent ici-bas. Après tout, je n'ai plus de volonté, plus de désir à exprimer, j'accepte tout ce que m'enverra la Providence: je ne regrette que les peines que nos malheurs font éprouver à nos amis, et vous savez, mon cher et excellent Vertamy, que je vous place à cet égard, au premier rang de mes victimes. Vous aurez sans doute vu le vicomte de Martignac; il était fort souffrant hier; on a bien mal récompensé son éloquence et ses bons sentiments, je m'en afflige autant pour lui que pour moi. Un pareil défenseur devait être le gage d'une victoire certaine : je l'espérais, je l'avoue, lorsque j'ai vu avec quelle attention on l'écoutait; mais il y a des personnes dont l'oreille est bien loin du cœur. — Adieu, mille amitiés au bon La Valette, tout à vous, *J. de Polignac.* »

Après quelques années de captivité, supportée avec une résignation et une puissance de caractère qui ne l'avait jamais abandonné, le prince de Polignac rendu à la liberté par le ministère du comte Molé mourut en exil. Le fils de la noble amie de la reine eut de bien rares jours de joie dans la vie. Tout ce qui se dévoue est malheureux : mieux vaut cette indifférence, cet égoïsme qui traverse tout sans prendre parti pour rien ; l'âme et le cœur sont les deux grands antagonismes du bonheur.

Maintenant que reste-t-il de témoins vivants de cette riante époque de Marie-Antoinette et do la duchesse de Polignac à Trianon, à la Muette, à Saint-Cloud ; Trianon, solitude aimée qui vit les fêtes de la cour brillante, le jeu, le théâtre, le *Barbier de Séville !* On ne peut visiter ses allées, ses petits lacs sans un serrement de cœur ; une reine adorée donnait le bras à sa plus tendre amie;. la charmante Yolande-Gabrielle de Polignac ; l'une est morte sur l'échafaud, l'autre suivit la reine dans la tombe. J'ai contemplé la pierre sépulcrale à Vienne, avec cette inscription : *Morte de douleur*. A Saint-Cloud, la foule joyeuse fait retentir des accents de joie autour de ce parc réservé, l'œuvre de la reine; les petits salons de Marie-Antoinette furent tapissés de toiles de Jouy pour favoriser les manufactures naissantes. Tout a disparu à la Muette, demeure de madame de Polignac et des enfants de France, tout excepté les jolis parterres semés de fleurs que la reine et son amie avaient dessinés.

Les générations, hélas! sont bien ingrates, et il a fallu presqu'un siècle pour réhabiliter Marie-Antoinette ; il a été besoin de lire sa correspondance pour comprendre sa belle âme et ses nobles sentiments; ses fautes vinrent de son cœur ; elle avait besoin d'une douce amitié pour s'épancher, et de là cette faveur dont elle combla Gabrielle-Yolande de Polignac ; auprès d'elle la reine trouvait la simplicité, le charme, la bonté ; elle vivait avec elle comme isolée de la grandeur qui pèse; l'éducation allemande avait dominé toute sa vie et elle y avait malheureusement ajouté les bergeries de Gesner et les faux sentiments de Rousseau : son imagination s'était un peu trop fascinée de la *Nouvelle Héloïse* et sa coquetterie élégante s'était trop empreinte de la personnification de la *Rosine* de Beaumarchais qu'elle aimait tant à jouer dans ses jours de bonheur. Les pamphlets tuèrent cette vie par d'abominables calomnies qui conduisirent la reine sur l'échafaud.

15

TABLE DES MATIÈRES.

FIN DE LA TABLE DES MATIÈRES

IMPRIMERIE GENÉRALE DE CH. LAHURE
Rue de Fleurus, 9, à Paris.